赤ちゃんのための手づくりおもちゃ

春山明美
著

ちいさいなかま社

はじめに

大好きな

おもちゃに

出会ってほしい

街を歩いていても、お店に入っても、いつも頭の片隅にはおもちゃのことがあります。「これ、何かに使えるかなあ」「この仕組みはきっと子どもたちが喜ぶだろうな」「こんなおもちゃがあったら楽しいだろうなあ」と発想が湧くこともたびたびです。

また、子どもたちの遊んでいる姿を見ていると、「もう少しここは長くしたほうがよかったな」「音が鳴るようにしたらもっと遊べるかな」「あー、こんなことが楽しいんだなあ」と、新しいおもちゃのアイディアをいっぱい教えてもらえます。

保育園のゼロ歳のおもちゃのなかで、一番種類が多いのは握りおもちゃです。これは一人ひとりの子どもたちの好きなもの、興味のあるもの、心地よい肌触りや感触、握る力などがみんな違うからです。やわらかい布が好きな子、ながめるのが好きな子、なめるのが楽しい子、音の出るものがおもしろい子…と、いろいろな子どもたちがいます。その子にあったおもちゃをつくってあげたいと思い、数もどんどん多くなっていきました。よく泣く子も、気持ちにあった大好きなおもちゃに出会い、たっぷりと満足するまで遊べると、意欲的になっていきます。そして、そのことがすべての土台になっていくように思います。

私は、おもちゃのアイディアが湧くと、「すぐにつくってあげたい」と思います。そして、できあがったおもちゃをそーっと、おもちゃ箱に入れておいたり、柵のところにつけて「誰が一番に見つけてくれるのかな」「どんなふうに遊んでくれるのかな」と、ワクワクしながら見ています。そして、子どもたちがそのおもちゃでたくさん遊んでくれると、とてもうれしい気持ちになります。

一人ひとりの子どもたちが大好きなおもちゃに出会ってほしい、そして、大好きなおもちゃで遊ぶ経験をたくさん積み重ねていってほしい…そんなおもちゃを、これからも子どもたちといっしょに楽しみながらつくっていきたいと思います。

2009年6月
紫陽花の美しい梅雨の日に

春山明美

もくじ

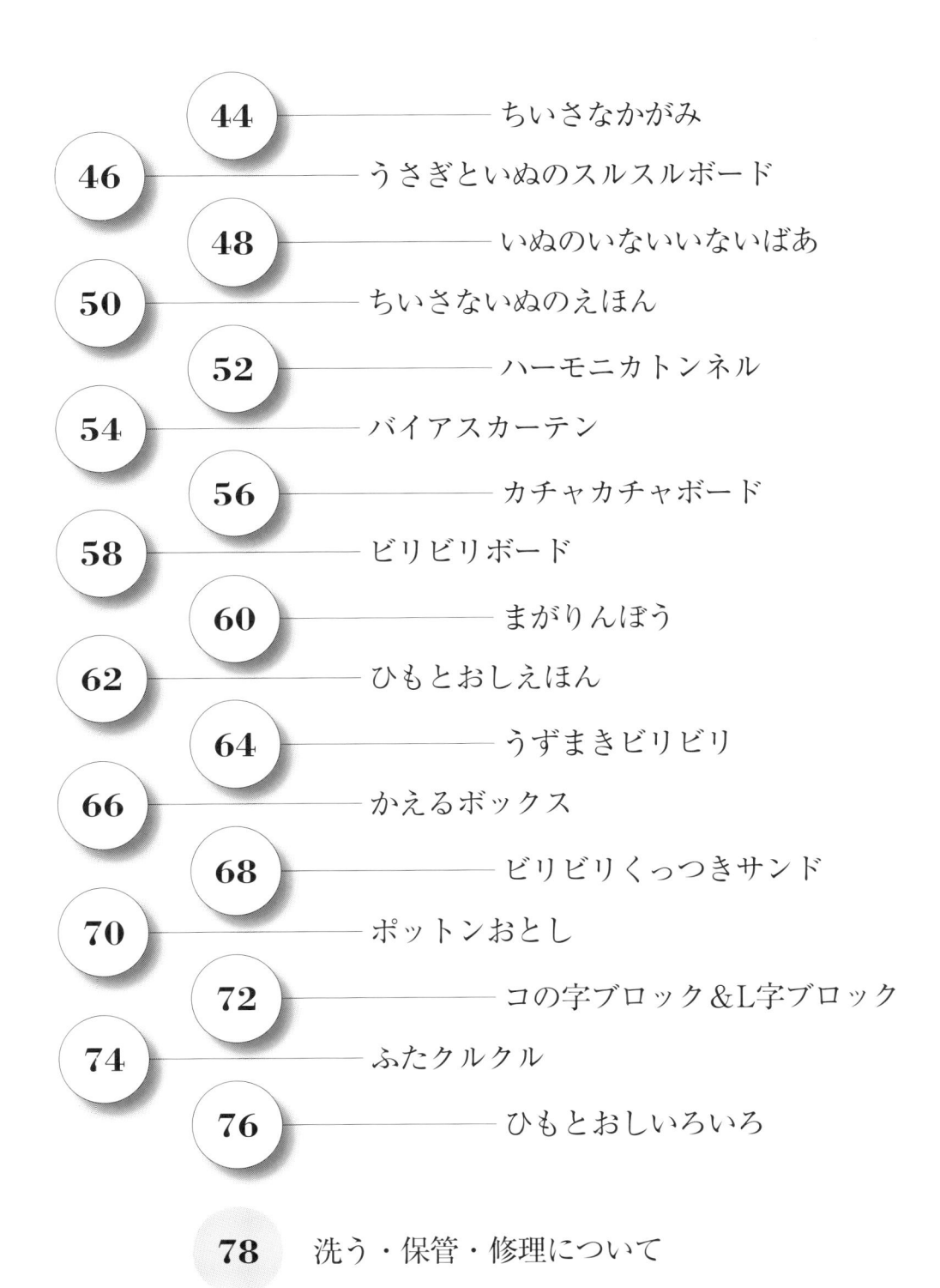

あるとベンリ！きほんの材料&道具

糸――カタン糸(黒・白) 30番、40番

針――ぬい針、まち針

はさみ――小型のもの(糸やフェルトなどちいさなものを切るときにベンリ)、たちばさみ、ピンキングばさみ

めうち
(布に穴を開けるときに使います)

リッパー
(ぬい目をほどくときに使います)

糸通し
(ワンタッチで糸が通ります)

布――もめん、ガーゼ、タオル地、ネル地、スウェット地、シースルー、ふきん、手ぬぐい、フェルト(洗っても縮まないもの)、接着フェルト

手芸用わた

マジックテープ
(接着でないもの)

コンパス

穴あきパンチ

バイアステープ

鈴――鈴、プラスチックの鈴

布のひも

綿ロープ

手芸用品店や東急ハンズ、
100円ショップ、雑貨屋さんなどで
購入できます。

押笛
（いろいろな形のものがあり、音もそれぞれちがいます）

はとめ
（金づちでたたくタイプのもの）

ビーズ

ウッドビーズ

ボタン

まな板シート
（100円ショップで売っている透明の薄いまな板です）

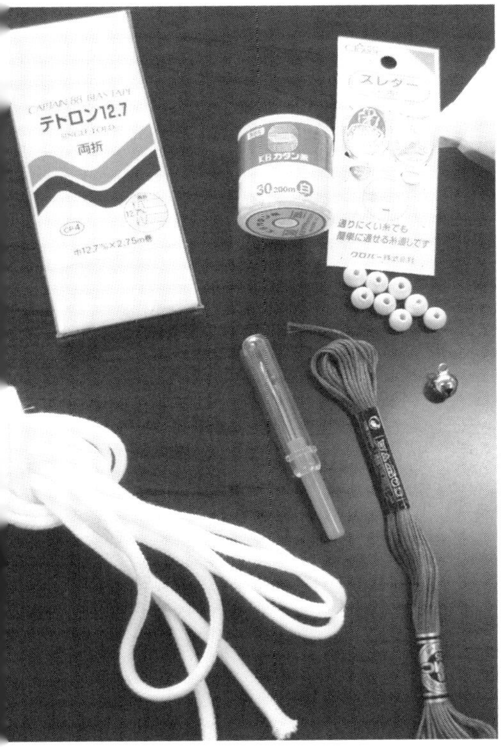
テトロン12.7
両折
スレダー
通りにくい糸でも
簡単に通せる糸通しです

◎牛乳パック
◎ダンボール
◎ジャムのびんのふた
◎ペットボトル、ペットボトルのふた
◎ポテトチップスのふた
◎お菓子などの空き容器

とっておくと
おおいに役立ちます！

つけかえつりおもちゃ

産休明けで入園してきたとむくん。布遊びでは、手足をパタパタと動かして全身で楽しさを表してくれます。それまではながめて笑っていたつりおもちゃに両手をのばし、つかもうと懸命です。ある日、ちいさな鈴を布で包んで下げたおもちゃに手をのばし、ついにそれをつかむことができたのです。その後、しばらく振って鳴る音を楽しんでいました。

そこで、布の端にとむくんの大好きなつかみやすい丸いパーツをつけたおもちゃを考えました。これからもっとたくさん遊んでほしいと思い、お花と輪っかをつけたものもつくりました。布のつりおもちゃでひと遊びしたら、次はお花や輪っかのおもちゃ。一つひとつのおもちゃで遊んでもいいし、2つ並べてつけても楽しいです。

作り方

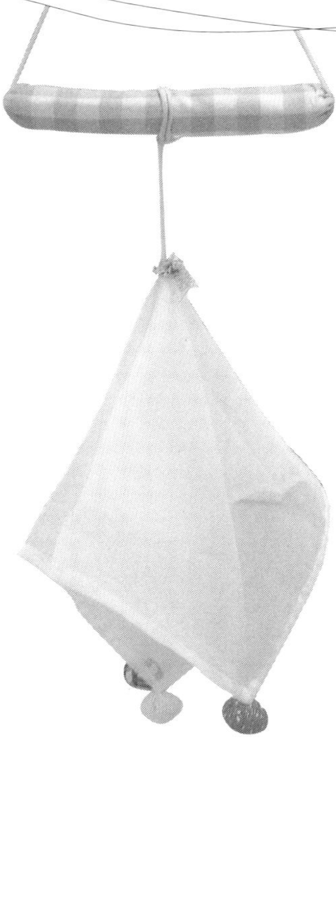

材料

布
（模様のついたもの）
シースルーの布
タオル地の布
わた
わりばし
布のひも
綿ロープ
ボタン（大、小）
鈴
リボン
ししゅう糸
糸

このおもちゃは、つけかえられるのでいろいろなパターンで遊べます。この「つけかえつりおもちゃ」で子どもたちの遊びが広がります。お花のつりおもちゃは、顔にししゅうをしているので、クルクルと風で揺れるのを見るだけでも楽しいです。1つつけたり、2つつけたり。子どものようすを見ながら用意します。

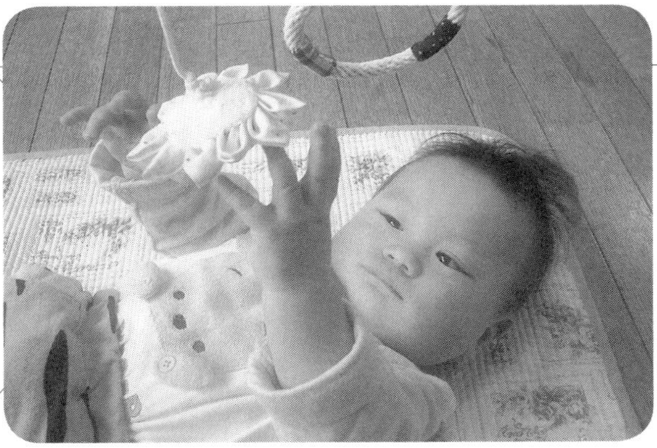

「何かなあ…触ってみよう」
お花のつりおもちゃに一生懸命手をのばしてつかもうとしています（5か月半）

つりおもちゃの心棒

❶模様のついた布を広げてわたをのせ、その上にわりばしをのせる

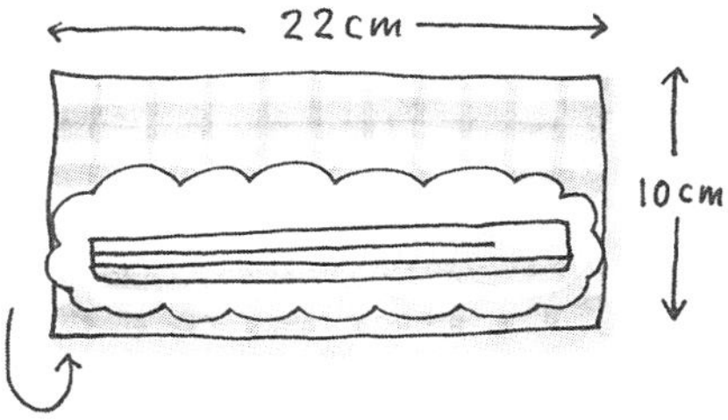

❷わりばしを芯にしてクルクル巻いて筒状にする

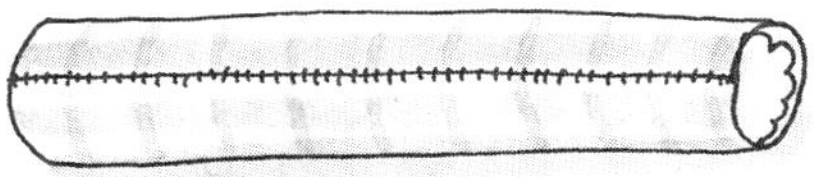

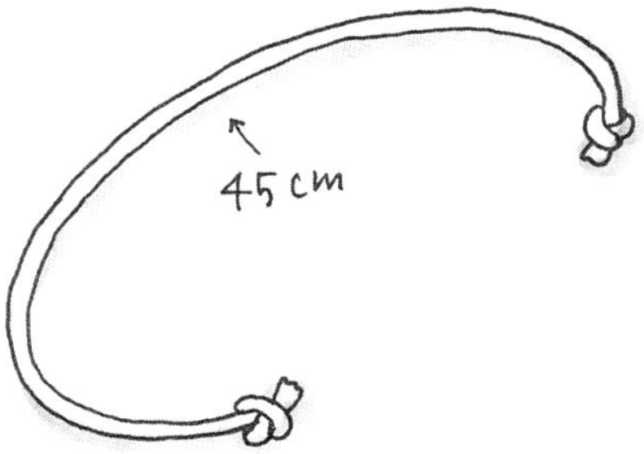

❸布のひもの両端に結び目をつける

❹布のひもの結び目を筒の両側に入れ、ぐしぬいをしてつぼめてとめる

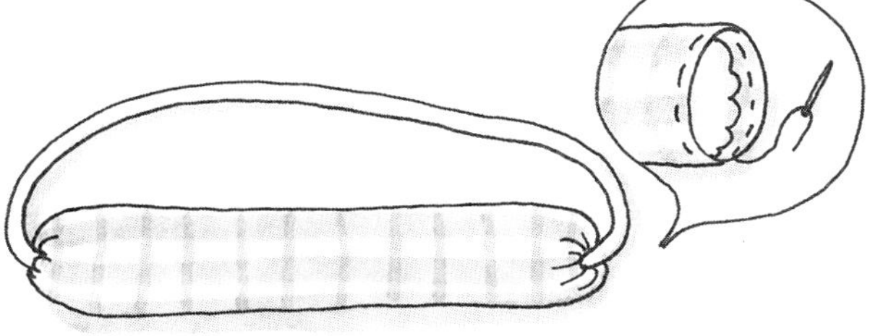

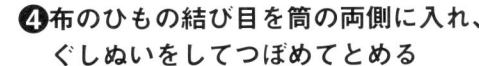

布のつりおもちゃ

❶シースルーの布の４辺を
３つ折にして
ミシンでぬう

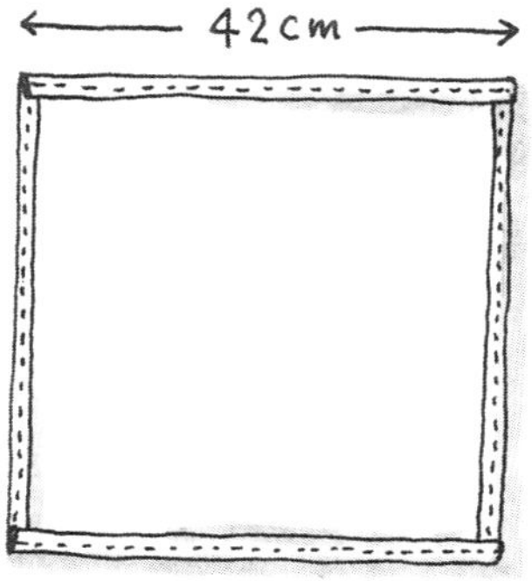

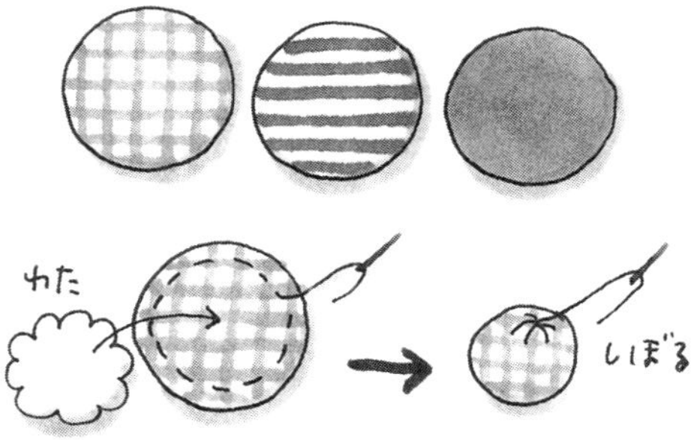

❷模様のついた布を丸く切りとり、
まわりをぐしぬいし、
中にわたを入れてしぼる

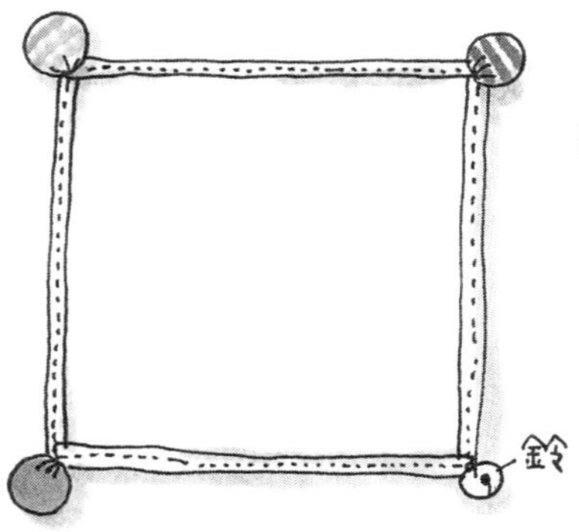

❸②を①の角に３つとりつけ、
１か所だけ鈴をつける

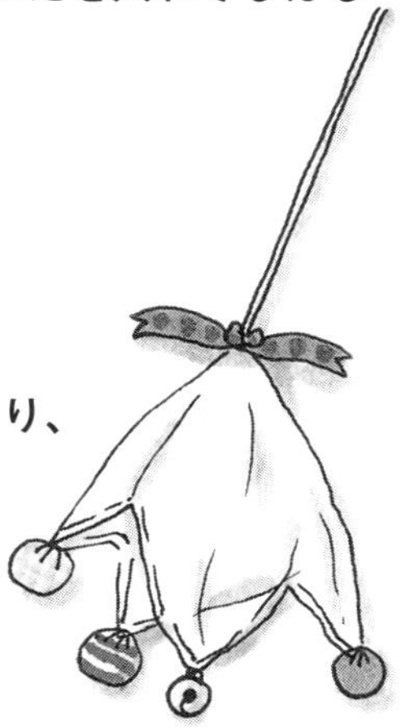

❹布のひもに結び目をつくり、
③の真ん中にぬいとめ、
リボンを結ぶ

輪っかのつりおもちゃ

❶綿ロープで輪っかを
つくる

❷糸でしばったところと
ほか２か所に布をまく

❸タオル地の布を犬の形に
２枚切り、中表にして
ミシンでぬい、
表に返してわたをつめる

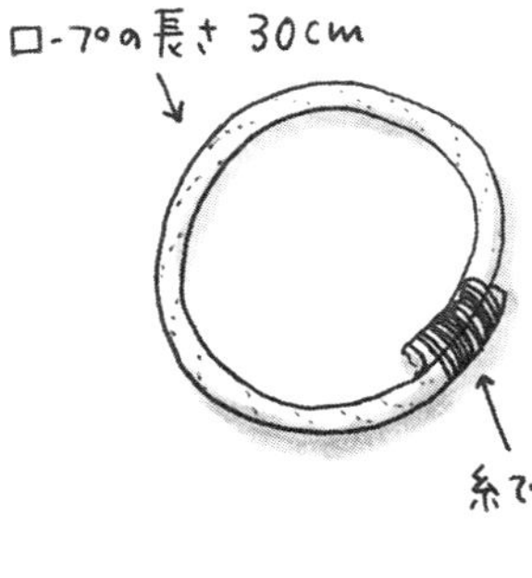

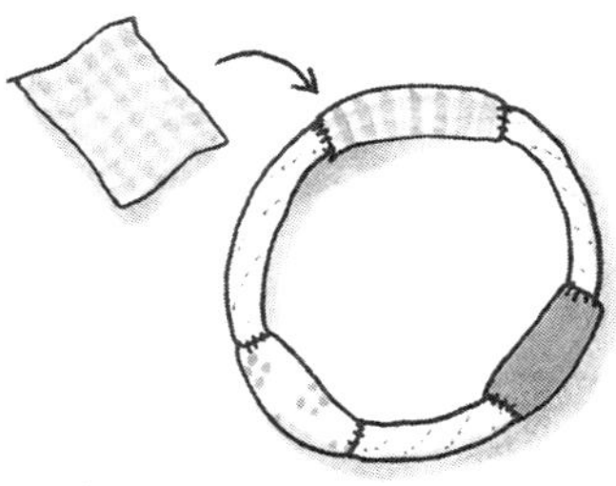

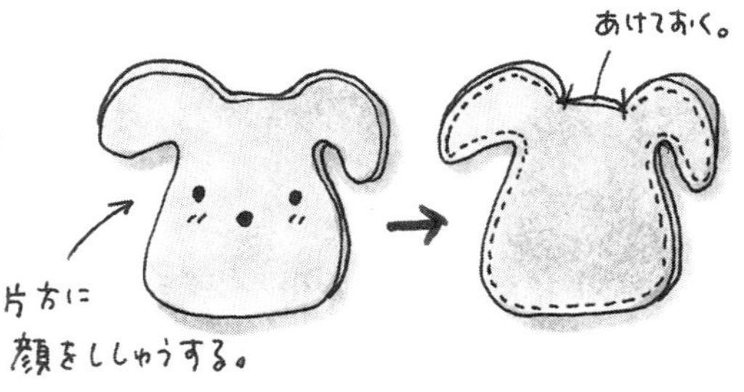

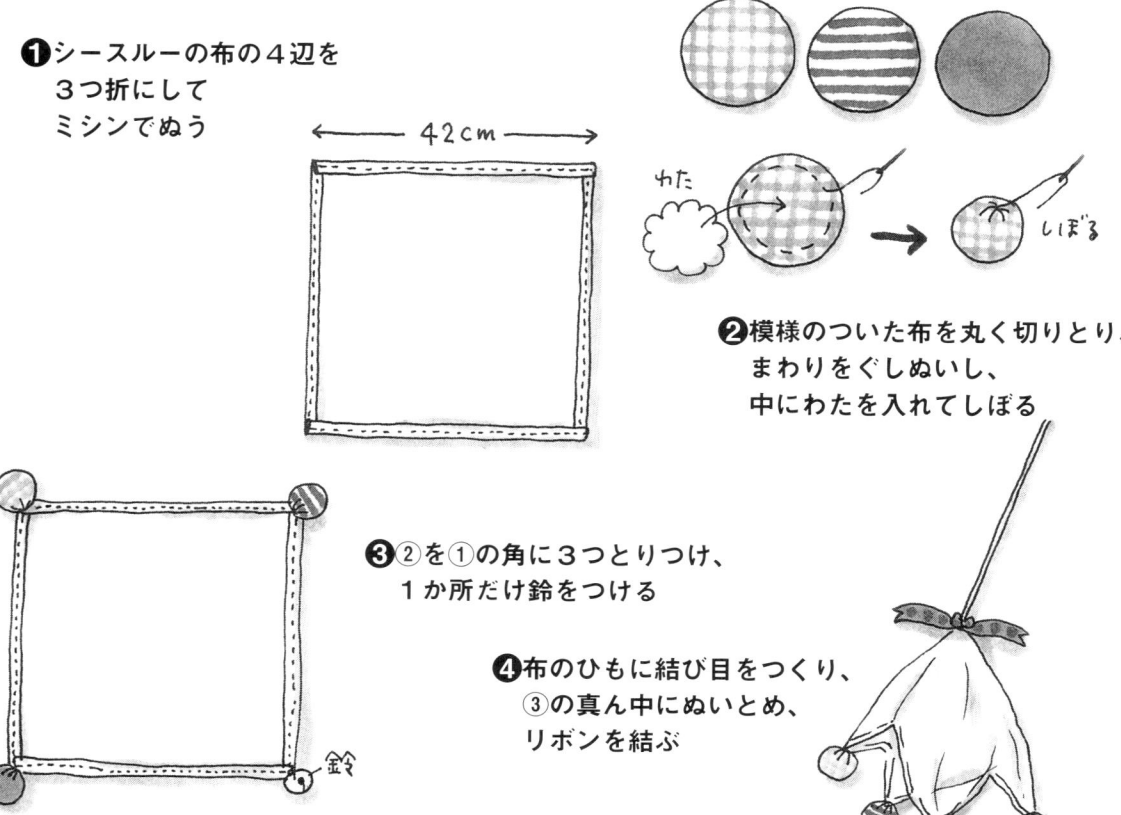

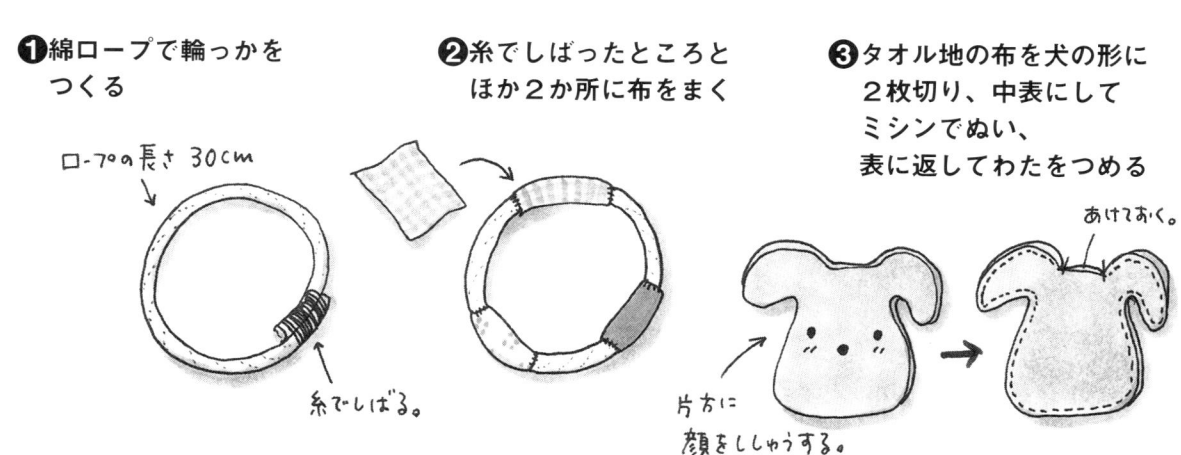

つけかえつりおもちゃ

お花のつりおもちゃ

❶タオル地の布を２枚丸く切り
ぐしぬいし、１枚に
顔のししゅうをする

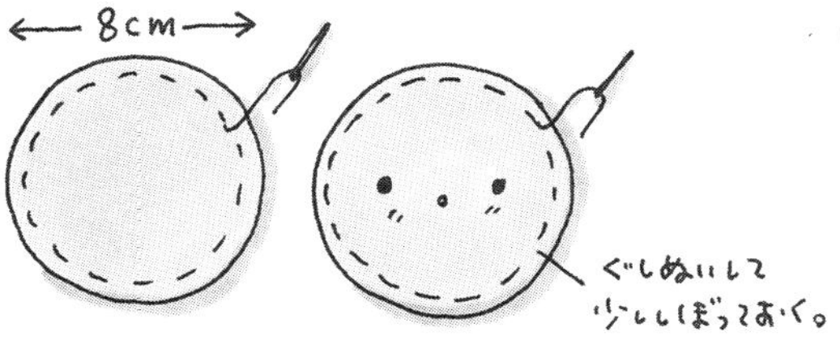

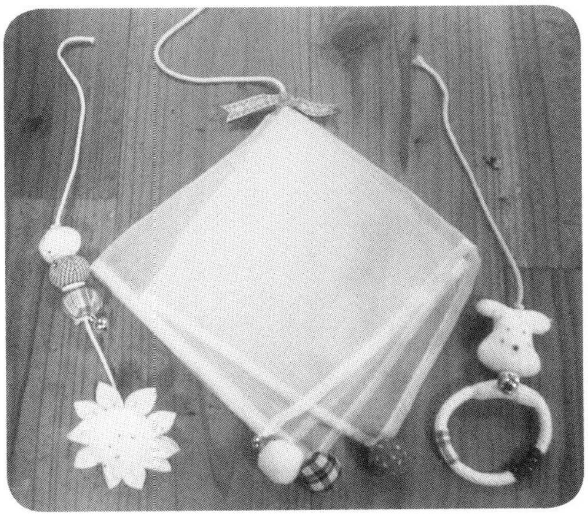

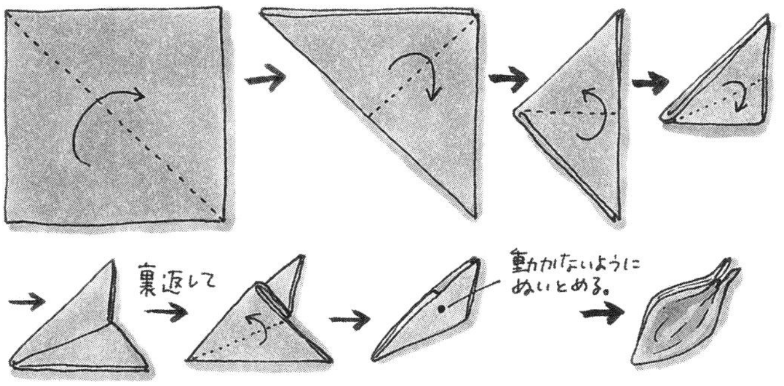

❷布を正方形に切り、図のように花びらをつくる

❸花びらをつなげてぬい、ギュッとしぼる
①にわたを入れて表をぬい、裏もぬいつける

❹布のひもの端に花のパーツをつけ、
もう一方の端に布のパーツと
ボタンをぬいとめて
最後のパーツに布のひもをつなぐ

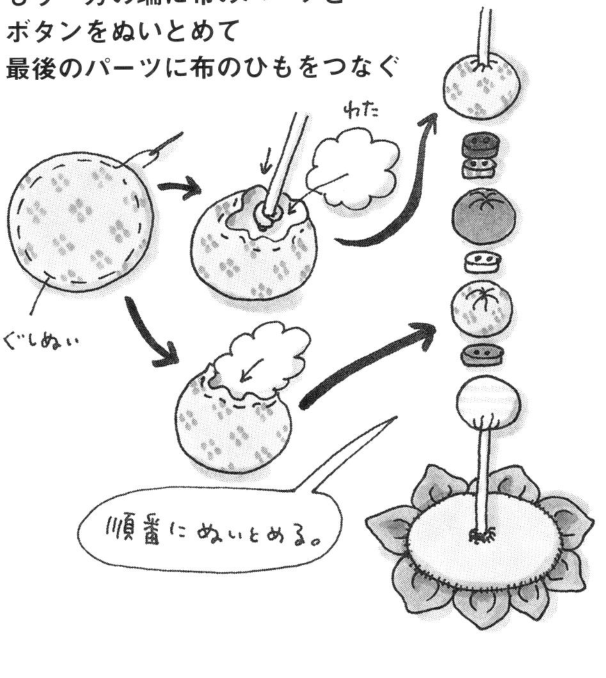

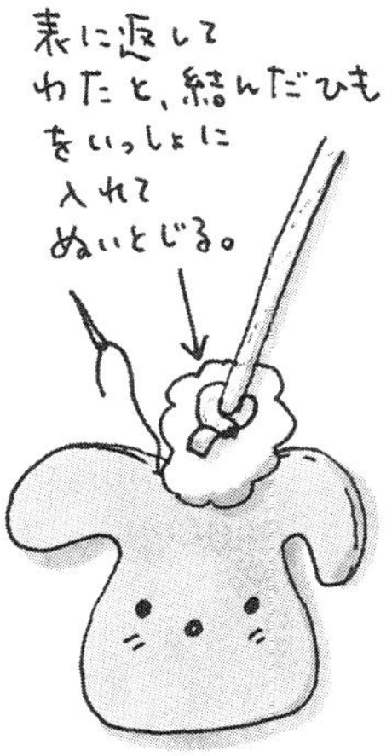

❹③に②をぬいとめ、
布のひもをつける

お花とちょうちょのつりおもちゃ

　子どもたちが園生活に慣れてきたころ、春をたくさん感じて遊んでくれたらいいなあと思い、「お花とちょうちょのつりおもちゃ」をつくりました。「触ってみたいな」と思えるように、ちいさな鈴を布で包んだものの下にお花をつけ、お花の中心には少し大きめのビーズをつけました。ミルク缶のふたには、笑ったお花のアップリケをぬいつけ、そのまわりにはちょうちょが揺れるようにしました。

　寝て、離乳食を食べ、ミルクを飲んだあとにおもちゃをおろしてあげると、「何かなあー」と興味いっぱい。風でおもちゃが揺れると、右手、左手、両手をのばし、お花やちょうちょをつかもうと必死です。つかめて振ると、ロープにつけた鈴が心地よく鳴り、その音も楽しんでいます。

作り方

材料

キルティングの布
ミルク缶のふた２枚
フェルト
ししゅう糸
布のひも
わた
プラスチックの
　鈴３個
鈴
鈴を包む布
ビーズ

❶キルティングの布を２枚丸く切り、アップリケをつけてししゅうをする

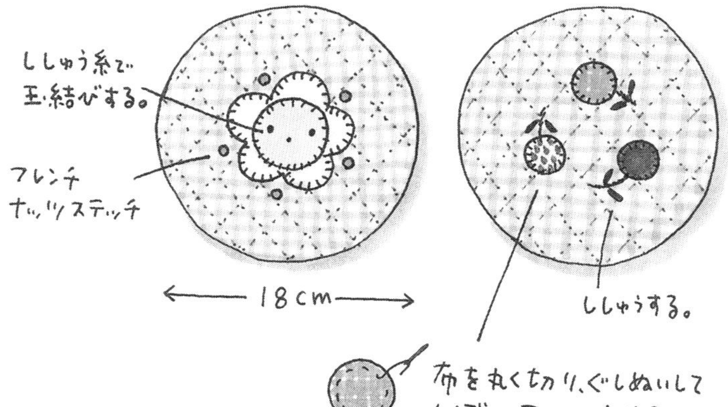

つりおもちゃは、部屋に布のひもを渡してつるします。使わないときは布のひもを短くして洗濯ばさみでとめておくと、遊びたいときにいつでもすぐにおろしてあげることができます。見たり、つかんだり、振ったりしていっぱい遊んでほしいです。

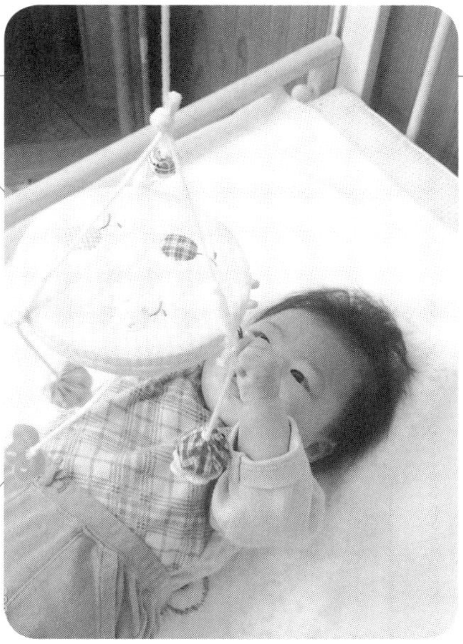

「握れたよー」黄色のちょうちょを
さわって遊んでいます（5か月）

**❷①のまわりをぐしぬいし、
ミルク缶のふたを
包んでしぼる**

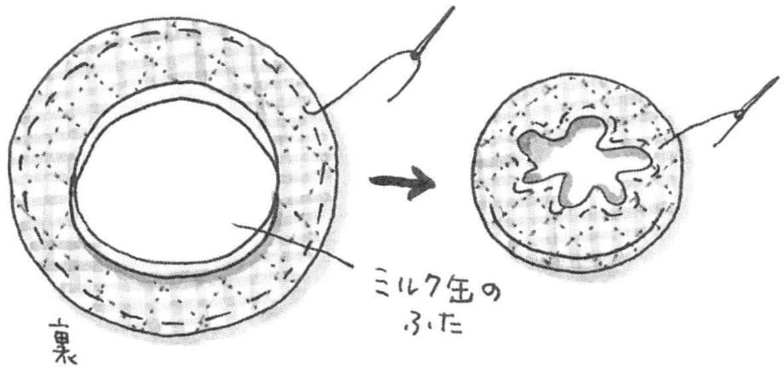

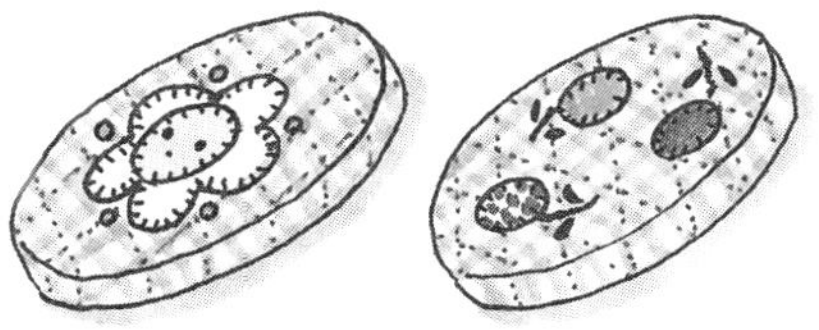

❸布のひもを３本切って結ぶ

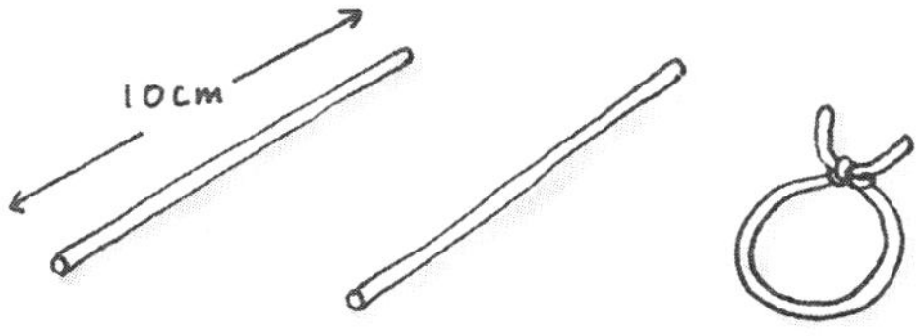

**❹②の２つに③を
図のように３か所にはさんで
ぬいあわせる**

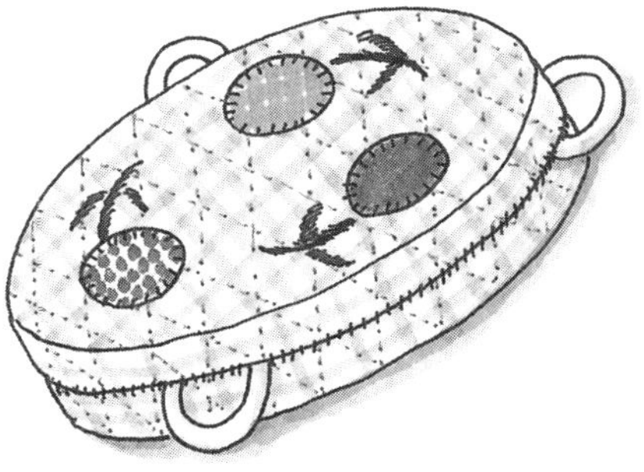

**❺布のひもを６本切り、
端に結び目をつくる**

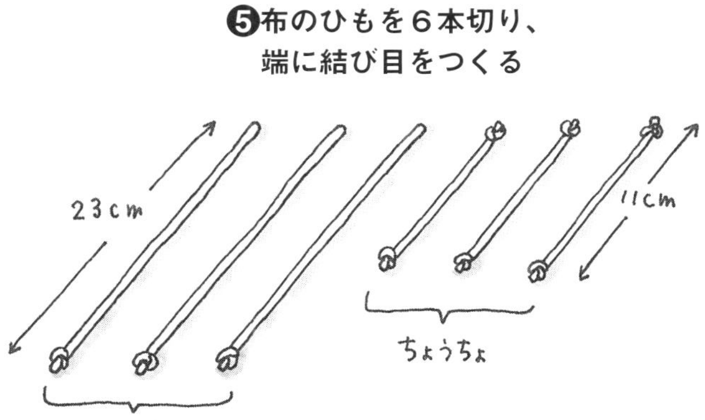

❻布を丸く切り、まわりをぐしぬいする

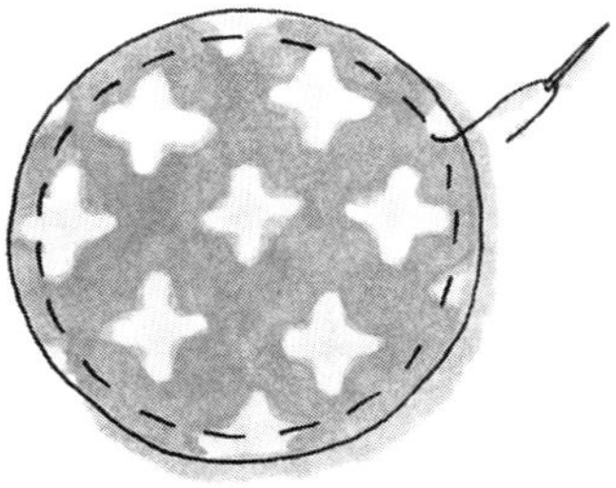

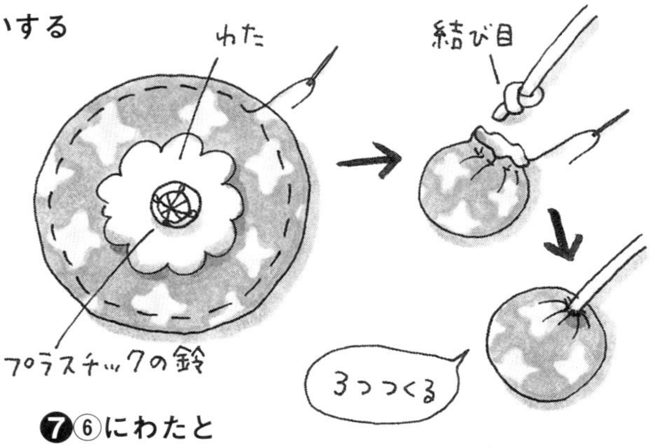

❼⑥にわたと
プラスチックの鈴を入れてしぼり、
⑤の布のひもの結び目を入れてぬいこむ

❽フェルトでお花と芯の形を２枚ずつ切る

❾⑧をぬいあわせてお花をつくる

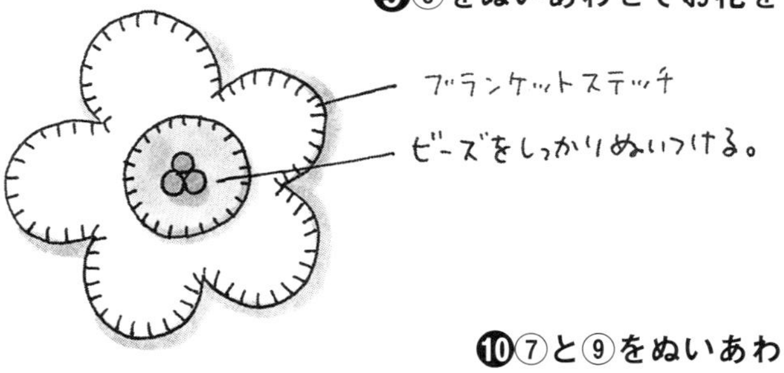

❿⑦と⑨をぬいあわせ、
④の布のひもに結ぶ

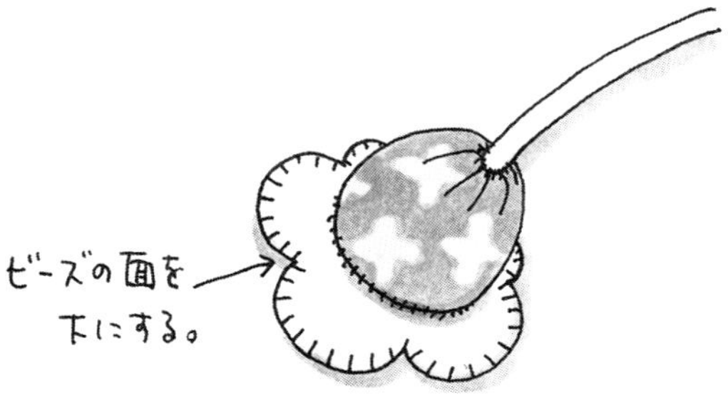

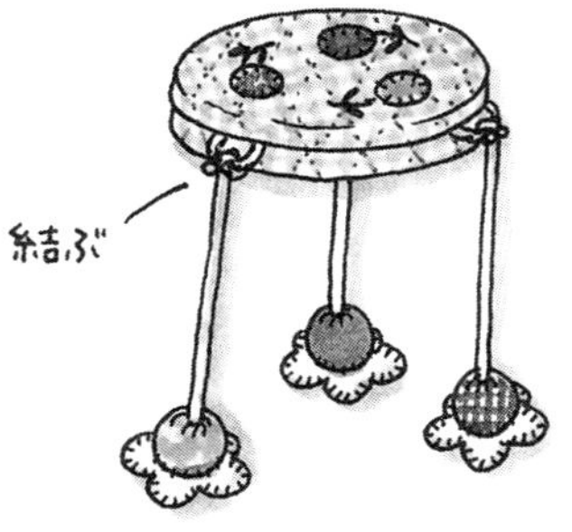

お花とちょうちょのつりおもちゃ

⓫フェルトをちょうちょの形に切り、
真ん中をぬってしぼる

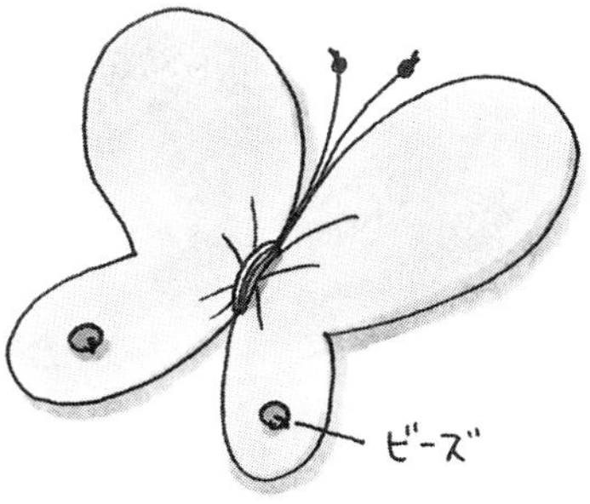

⓬茶色のししゅう糸で真ん中をしばり、
端は玉結びする

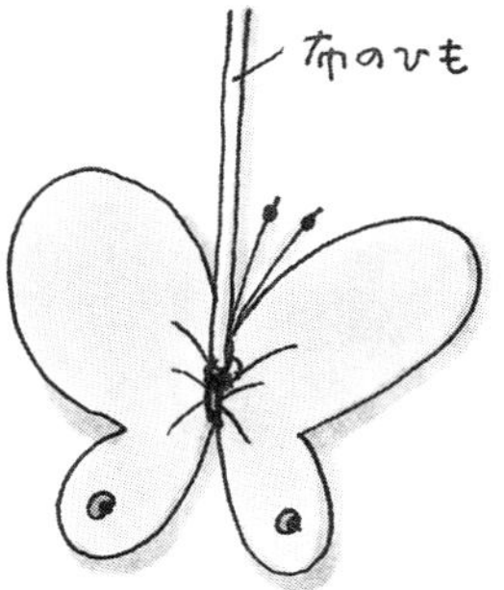

⓭⑫の真ん中に⑤の布のひもをぬいつけ、
もう一方の結び目を
④にぬいつける

⓮④に布のひもと鈴を結び
つるす

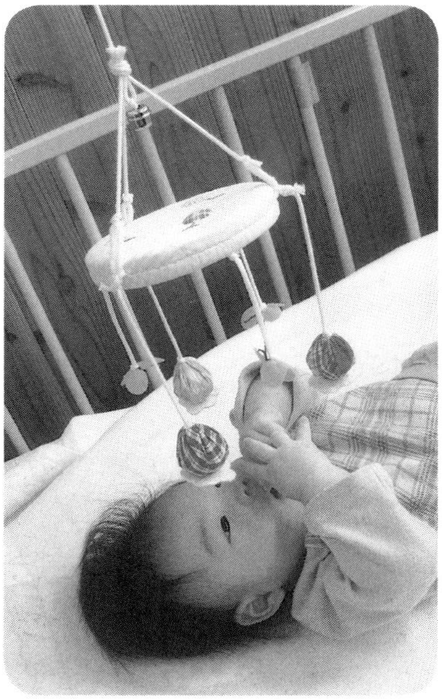

「何かなぁ・・・」ミルク缶のふたにアップリケした
お花の顔をみています

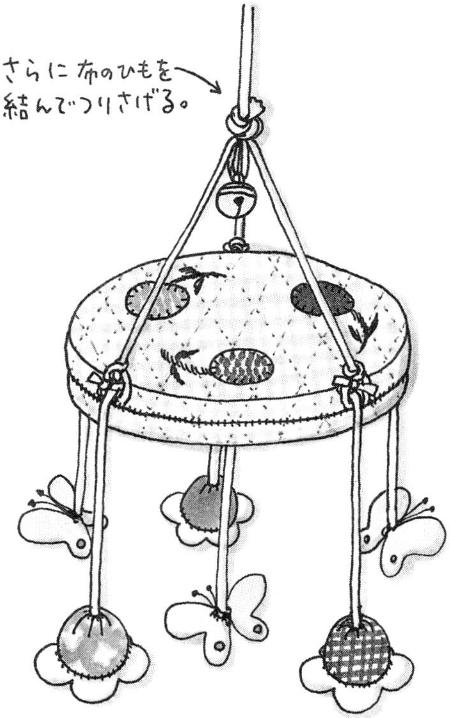

パッチンボード&ゆらゆらボード

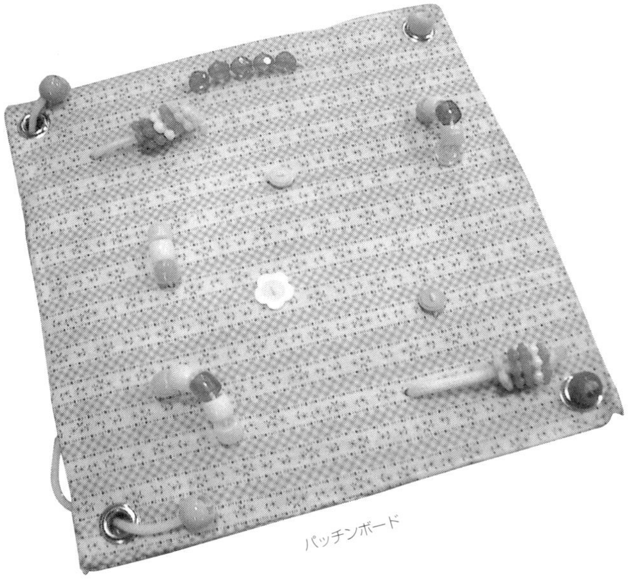

パッチンボード

パッチンボードは、うつぶせの姿勢のころに、数人の子どもたちが顔を見あわせて遊べるおもちゃです。ある日、そこに子どもがハイハイでやってきて、ボードのゴムの部分を持ち上げて、くるんとひっくり返って遊び始めたのです。ボードを持ちながら、ビーズやボタンを触ったり、両手で持って揺らしたり、ひとしきり遊んでいました。その姿を見て、「あー、こんなおもちゃも楽しいんだなあ」と教えてもらいました。

そこで早速、少しちいさいボードをつくりました。そして、それをつりおもちゃのように下げ、触れると揺れる、布のひもに通したおはじきもつけてみました。おはじきは軽くて、色がカラフルなこともあり、子どもにとってとても魅力的なものになりました。

ゆらゆらボード

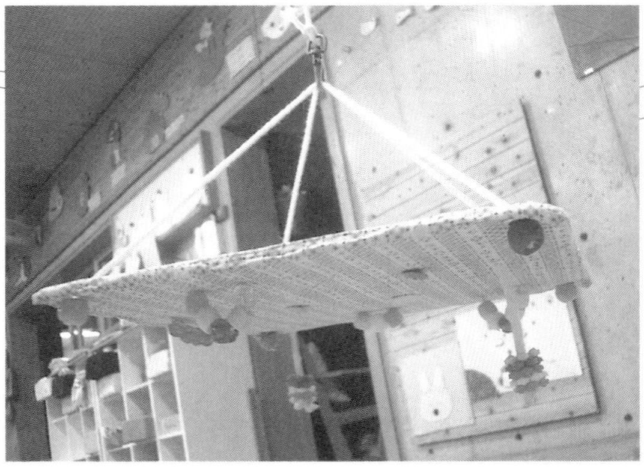

作り方

材料

- ダンボール
- 布
- ゴム
- ビーズ
- ボタン
- 布のひも
- おはじき
- はとめ
- 金具

❶ダンボールに布を貼る

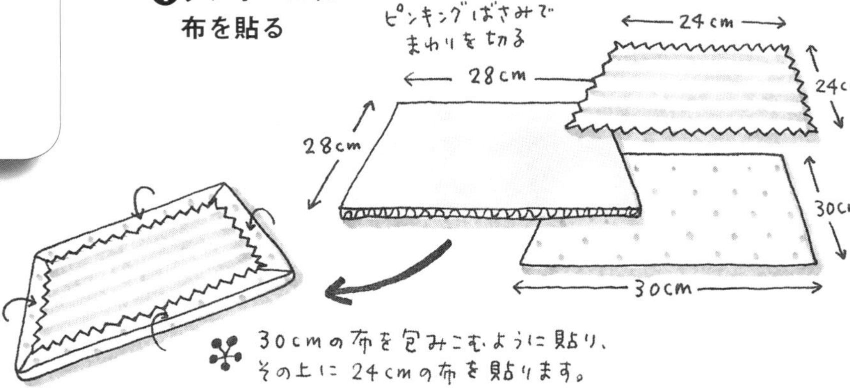
ピンキングばさみで
まわりを切る
24cm
24cm
28cm
28cm
30cm
30cm

30cmの布を包みこむように貼り、その上に24cmの布を貼ります。

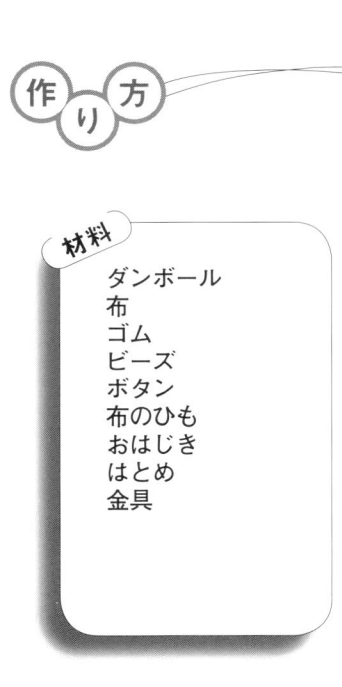

キラキラ光るビーズや
おはじきが気になる
７か月の子

「つりおもちゃで遊んでいたな」と思ってみていると、寝返りをしてうつぶせに…という場面や、反対にハイハイからあおむけに、ということもあります。姿勢にあわせて遊べるので、長く遊べるおもちゃになりました。

「楽しそう」
「触ってみよう」
みんなで遊べるよ

❷ダンボールの４隅にきりで穴を開け、はとめをつける

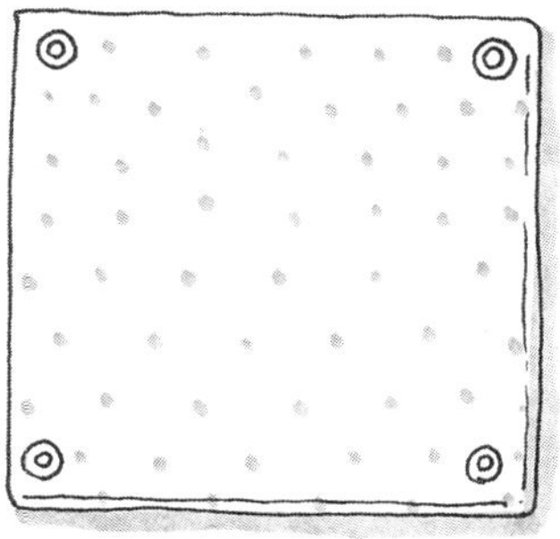

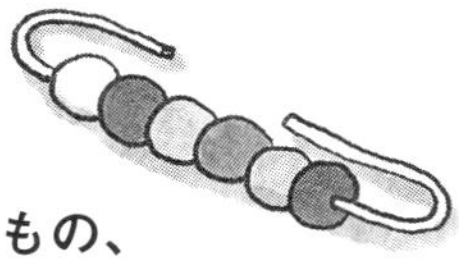

❸ゴムにビーズを通したもの、
ゴムにボタンを通したもの、
布のひもにおはじきを通したものをつくる

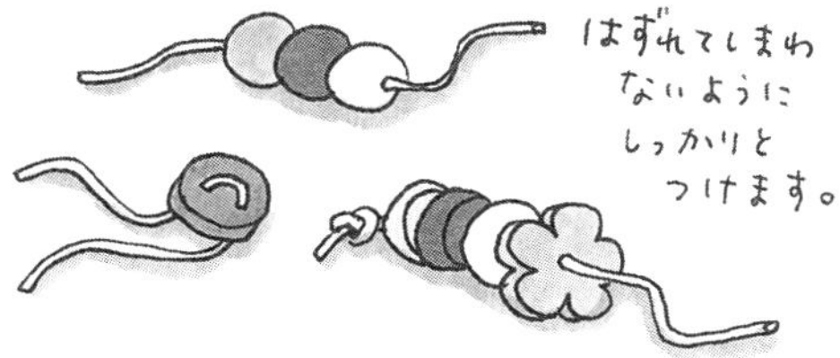
はずれてしまわ
ないように
しっかりと
つけます。

❹②に穴を開けて③をつける

❺ひもを２本つくり、
④の４隅のはとめに通して
抜けないようにビーズをつける

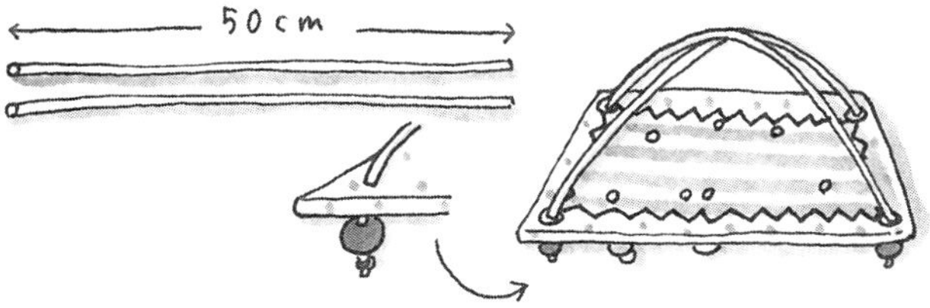
50cm

つりおもちゃの形でも
パッチンボードでも
遊べるように
取りはずしができる金具も
つけました。
これで２つの楽しさを
味わえるおもちゃに
なりました。

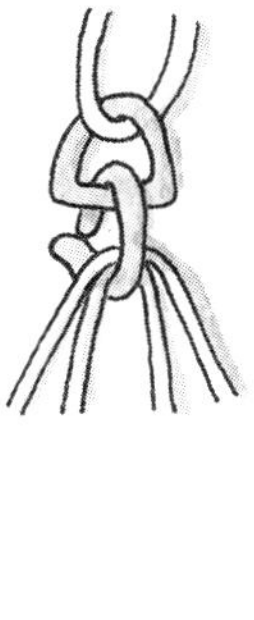

❻上からつるせるよう、
ひもに金具をつける

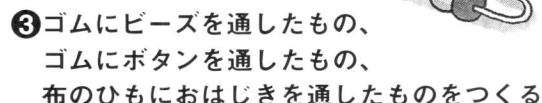

綿ロープの握りおもちゃ

子どもたちは、綿ロープの握りおもちゃが大好き。でも、月齢の低い子どもには、３つ編みや２本の綿ロープをねじったものは少し重たいようで、落としてしまいます。

そこで、握力がまだ弱く、口へ持っていき「なめる」ことが楽しい子どもたちに、持ちやすく、なめられる結び目をつくった丸の握りおもちゃをつくりました。ちょうど、口の中に結び目のところが入り、歯がための役割にもなっているようです。

大好きな結び目をもっと！と考えてつくったのが、三角の握りおもちゃです。三角だとちょうど結び目がうまく口の中に入り、長い間握って遊べる人気のおもちゃになりました。綿ロープにいろいろな模様の布をぬいつけられるので、一つひとつに表情が出ました。

作り方

材料

綿ロープ
糸
布（はぎれ）

❶綿ロープを切り、結び目を３か所つくる

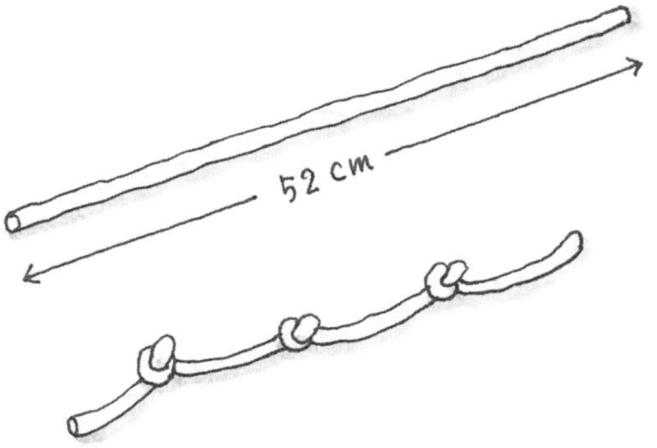

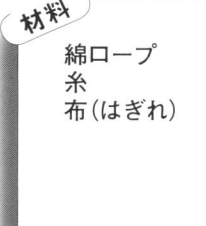

綿ロープは、なんど洗っても形が崩れず、とても丈夫。クルクルと巻いた状態で売っているので、いろいろな長さに切って使えるし、つくるときに針がスッと入り、ぬいやすいのです。また、安価なので活用しやすいです。

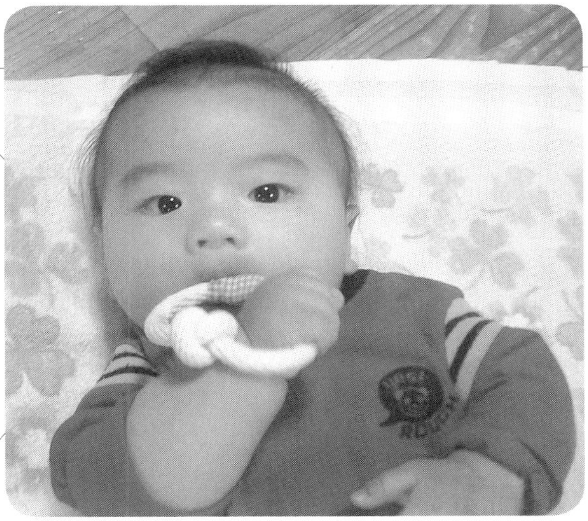

5か月と少しの男の子。綿ロープのおもちゃが大好き
しっかりと握って、いっぱいなめて遊んでいます

❷①を三角形にして両端を重ね、糸をグルグル巻いてしばる

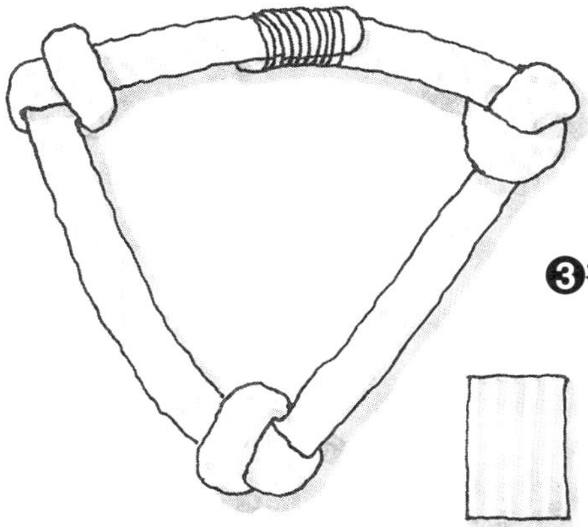

❸布を３枚切る

それぞれの幅や色を変えてもいいよ。

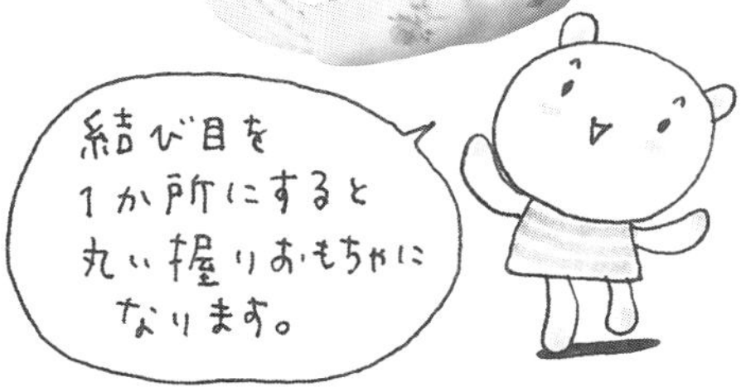

❹布の辺を折って、②の糸を巻いたところを包むように巻いてぬう

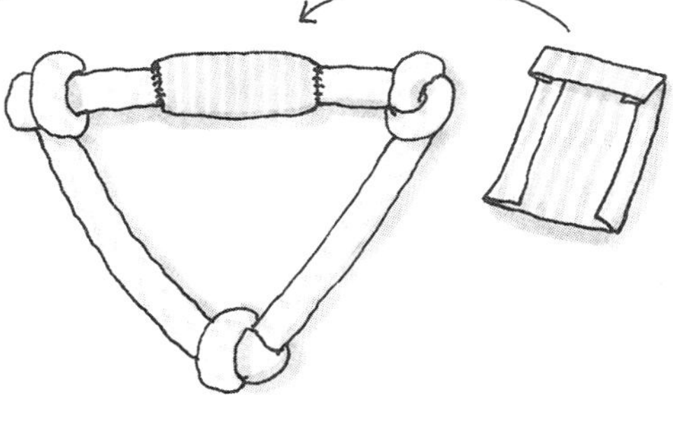

❺ほかの２辺にも同じように布を巻いてぬいつける

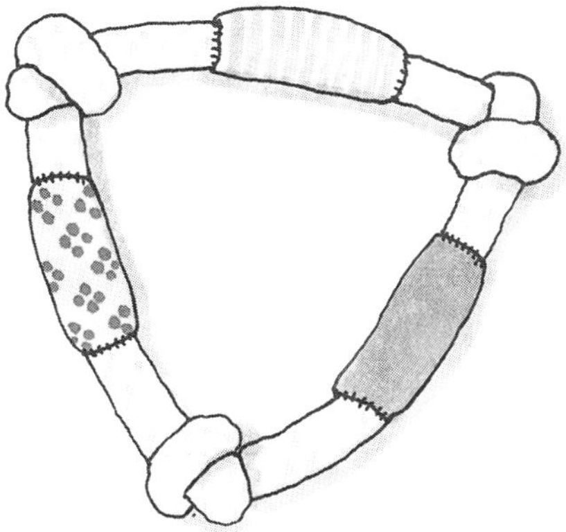

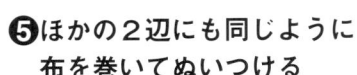

お花の握りおもちゃ

握りおもちゃは、にぎりこぶしの指のところを「トントン」と軽くおもちゃでたたいて、指が広がったときに持たせます。

はじめは、しばらく握っていてもすぐにおとしてしまいますが、何回も何回もくり返して持たせるなかで、だんだんしっかり握ることができるようになっていきます。握ったり、振ったり、ながめたり、なめたりして楽しみます。

握りおもちゃで遊ぶあおむけのころは、握る力の弱い子、からだがかたい子、反対にからだがやわらかくて早くに寝返りを獲得した子、音の鳴るおもちゃの好きな子…など、子どもによって大きく違います。そんな一人ひとりの子どもたちにあわせておもちゃをつくっていきたいなと思います。

作り方

材料

布
わた
布のひも
鈴
プラスチックの鈴
ししゅう糸(ピンク)

❶布を中表にして型を描き、切りとる

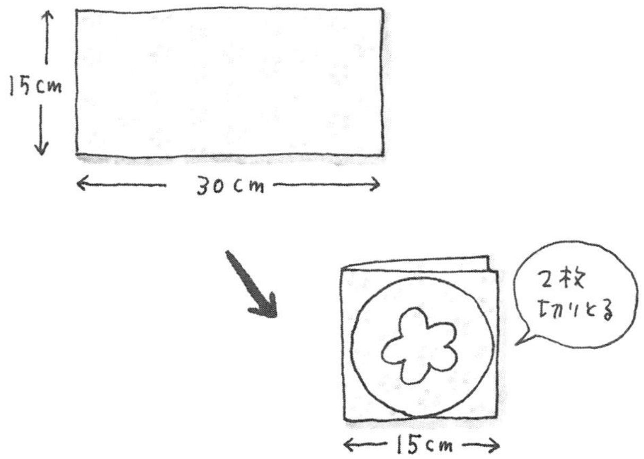

この握りおもちゃは、おもちゃを持たせてあげてもすぐに手を放してしまう子どもが、少しでも長く握って遊べるようにと思ってつくりました。握ったときに、お花の花びらのところ、お月さまの顔のところに指がピタッとそうようにしました。

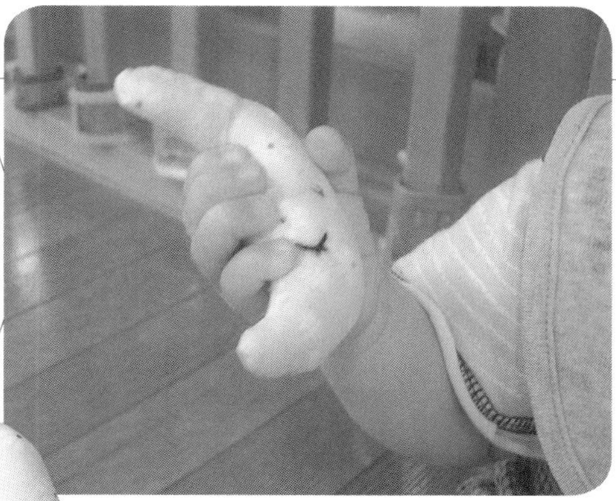

お月さまの顔のところに指がそいます

❷中表のまま２枚重ねて円と花びらのまわりをミシンでぬう

❸花びらのまわりのぬい目から内側を切りとり、イラストの位置に切り目を入れる

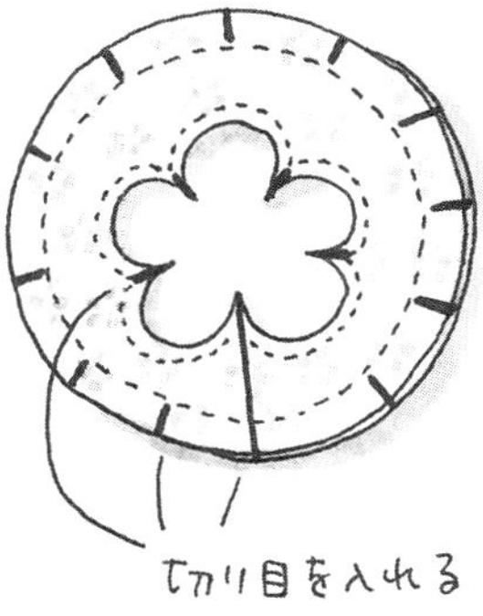
切り目を入れる

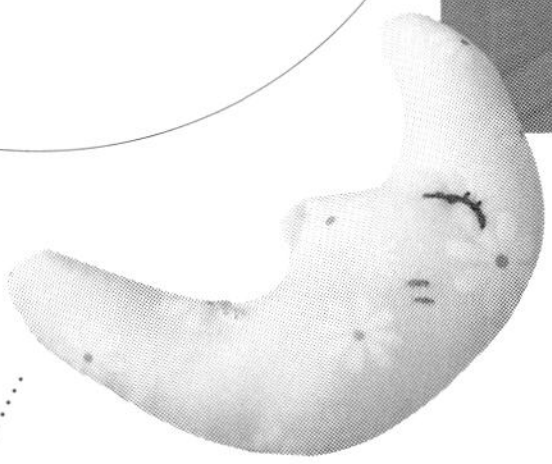

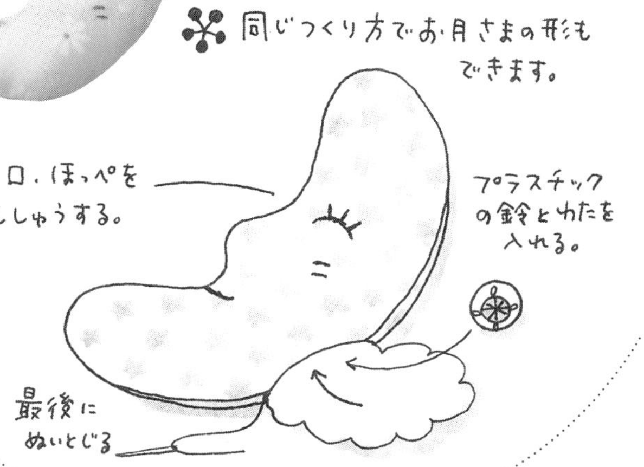
同じつくり方でお月さまの形もできます。
目、口、ほっぺをししゅうする。
プラスチックの鈴とわたを入れる。
最後にぬいとじる

❹③を表に返して、中にわたをつめる

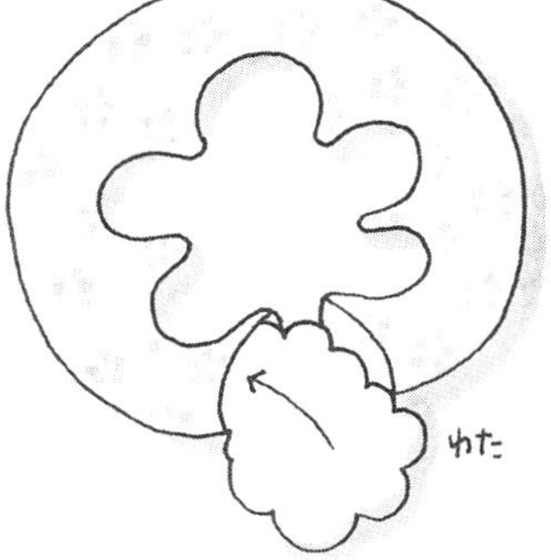
わた

❺糸でわたのつめ口をぬいとじる

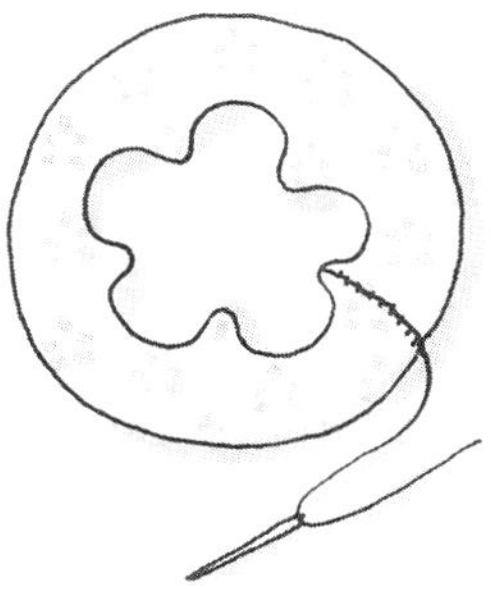

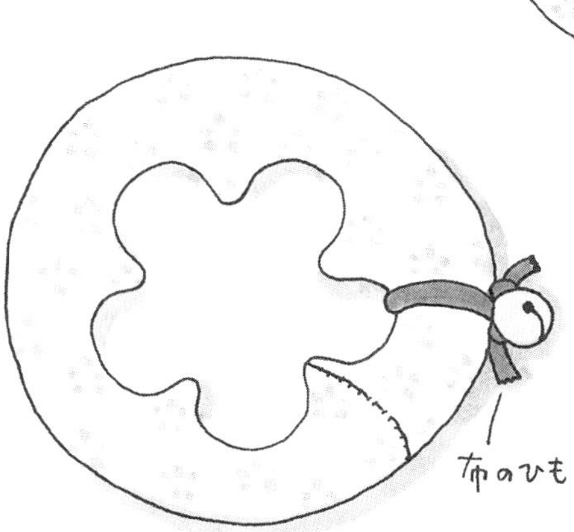
布のひも

❻⑤に布のひもを結びつけて、鈴をぬいつける

フワフワ握りおもちゃ

あおむけの時期、つりおもちゃに手をのばして遊ぶことを大切にしながら、握りおもちゃで遊べる時間もつくっています。

けんたくんは、やわらかい肌触りのいい布が大好きです。ミルクを飲むとき、あごのところにはさんでエプロンがわりに使うタオルを握って遊んだり、ふとんに入ると、ガーゼのカバーのかかったかけぶとんでパタパタ。布遊びも好きでしっかりと手を開いたり、握る力もあるので、よりボリュームたっぷりの「フワフワ握りおもちゃ」を考えました。

布は、けんたくんが好きな肌触りのいいものを…と考え、スウェット地を選び、中にわたをつめました。そして、握ったときに指のデコボコがそうように、ちいさな丸のパーツをつなげてつくりました。

作り方

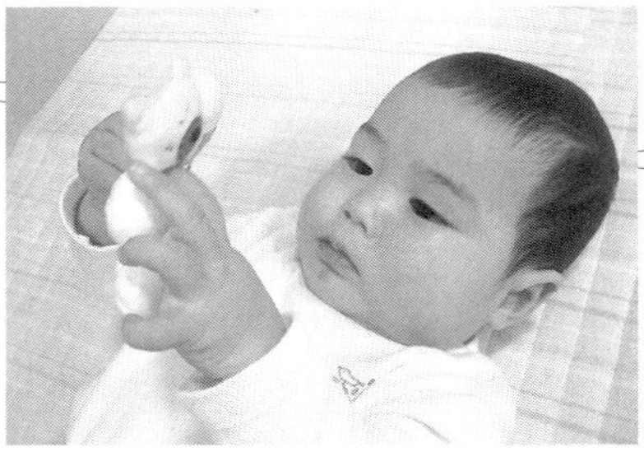

「あー、なんかピカピカ光ってる…触ってみよう」銀色の鈴を触って遊んでいます（7か月半）

材料

スウェット地の布
わた
ネル地の布
フェルト(茶・黒)
ししゅう糸(黒・赤)
鈴

❶スウェット地を丸く切り、まわりをぐしぬいする

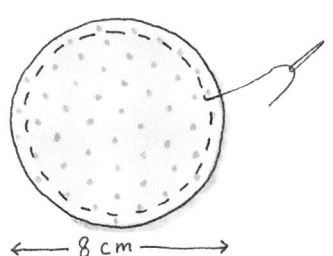

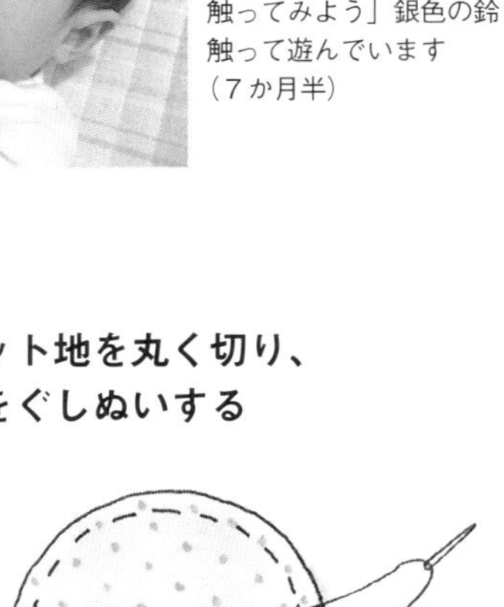

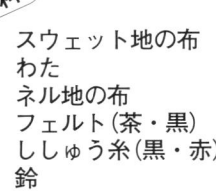

丸のパーツも心もち大きめにしたら、とても握りやすいようすで、長く遊ぶことができます。また、銀色のちいさな鈴をつけました。「ほらほら、くまさんやね、いい音鳴るね」と言いながら、けんたくんの目の前で動かすと、とてもうれしそう。鈴の音にも誘われて、手をのばしています。

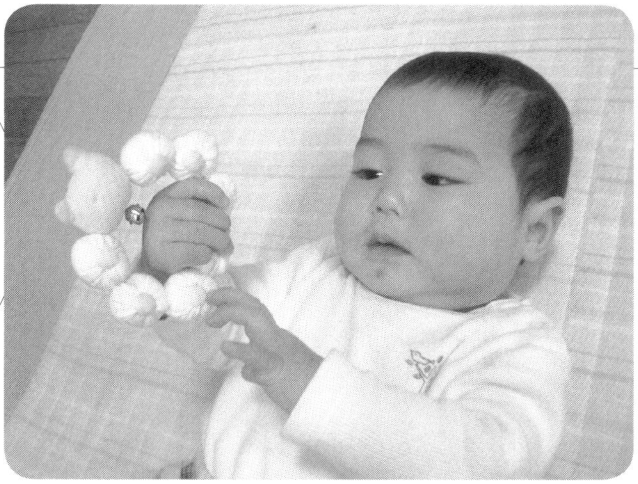

「何かなあ？　フワフワで曲がるぞ」
しっかりと握って、見て、触って、確かめています

❷①にわたをつめてしぼり、ぬいとめる

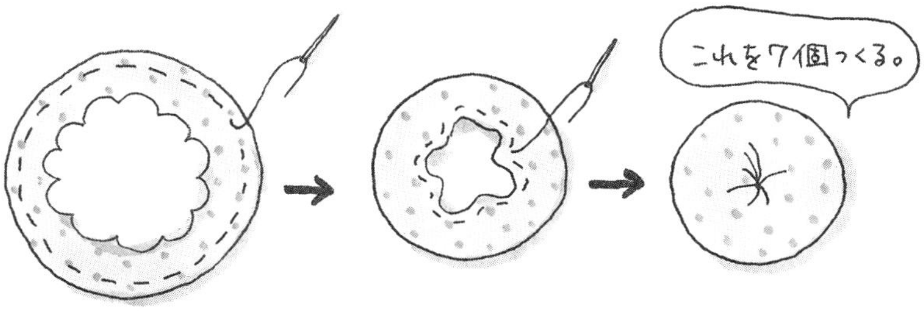
これを7個つくる。

握ったり、振ったり、
なめたり、
口にもって行ったりして
ひとしきり遊びます。

遊んでいると
丸いパーツの
形が変わって
おもしろいね!

❸ネル地をくまの形に２枚切り、フェルトとししゅうで顔をつくる

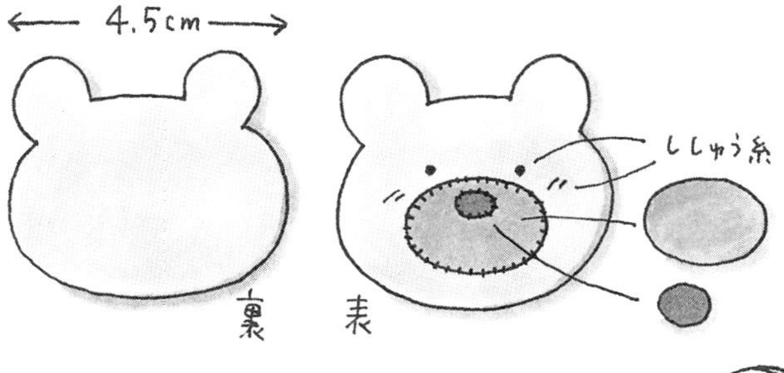
4.5cm
ししゅう糸
裏
表

❹③を中表にしてぬい、表に返してわたをつめてぬいとじる

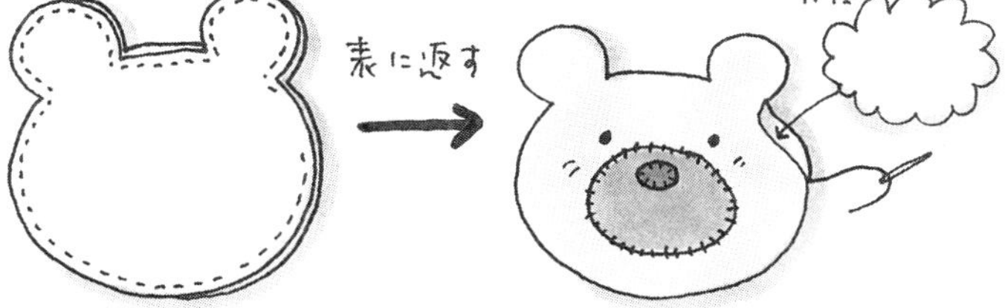
表に返す
わた

❺②を７個つなげ、さらに④をつなげて輪にし、鈴をしっかりぬいつける

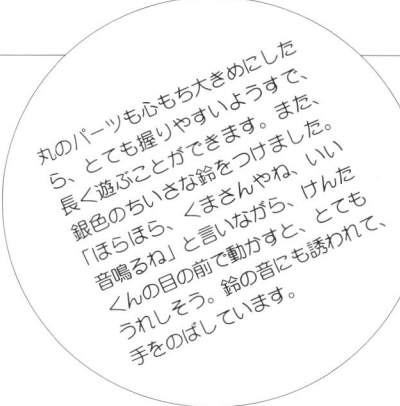

まがる握りおもちゃ

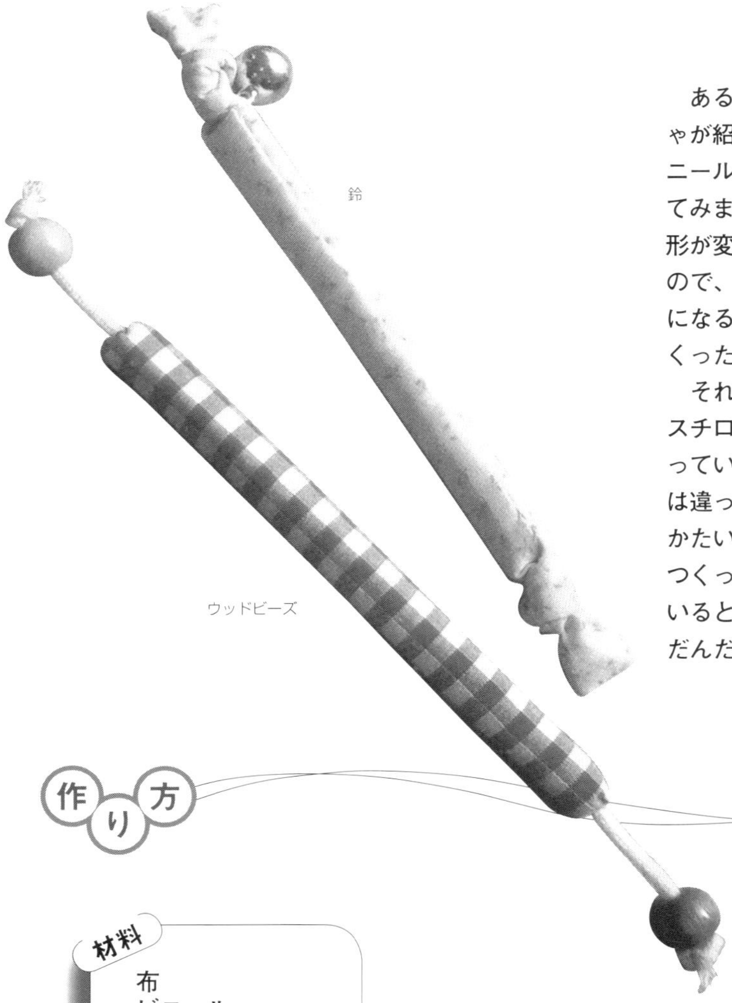
鈴
ウッドビーズ

　ある講習会で、各保育園の手づくりおもちゃが紹介されました。そのなかにあった、ビニール袋を中にぬいこんだおもちゃをつくってみました。触るとカシャカシャと音がして、形が変わり、いっぱい手指を動かして遊べるので、「もっと触ってみたい」という気持ちになるようでした。そこからヒントを得てつくったのが「まがる握りおもちゃ」です。

　それまで握りおもちゃは、中にわたや発泡スチロール、空き容器、綿ロープなどでつくっていましたが、ビニールの素材はそれらとは違った感触のおもちゃになりました。少しかたいビニールを布にクルクルと巻きこんでつくったので、しっかりしています。遊んでいると、握る力や指や手のひらの形にそってだんだんまがるのもおもしろいようです。

しっかり握っています
握る力によって少しまがります

作り方

材料

- 布
- ビニール
- 鈴
- ひも
- ウッドビーズ

ビニールは少しかたいものがいいです。
子どもたちにあわせて布や太さなど工夫してみてね。
布は、ガーゼ タオル地 ネル など…。洗うことができるのもいいところ。

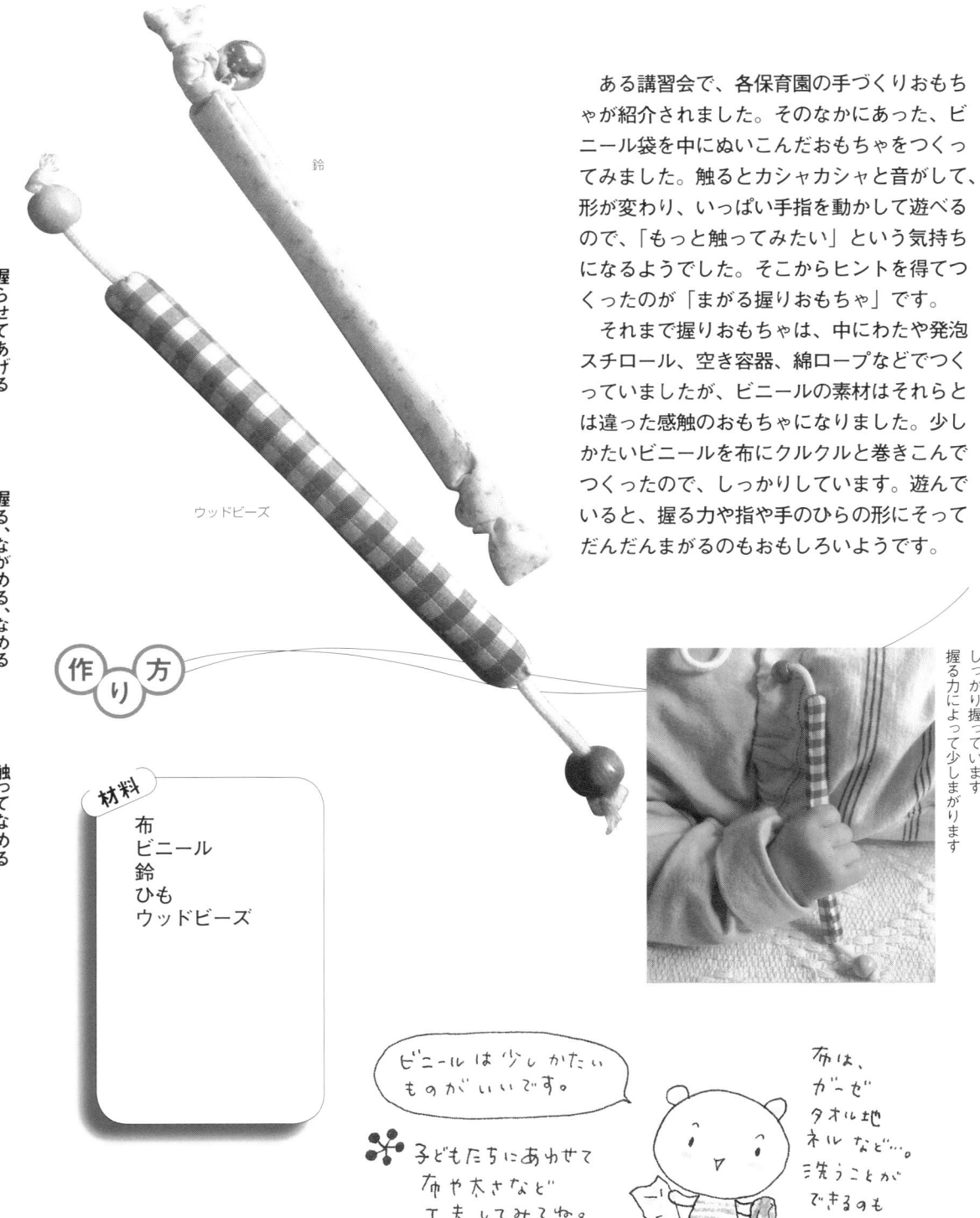

先につけたウッドビーズや鈴をながめたり、なめたりすると、形が変わります。いっぱい遊んでぺっちゃんこになった握りおもちゃも、少し形を整えると元に戻ります。2つ折になっても、クシャクシャになっても大丈夫！

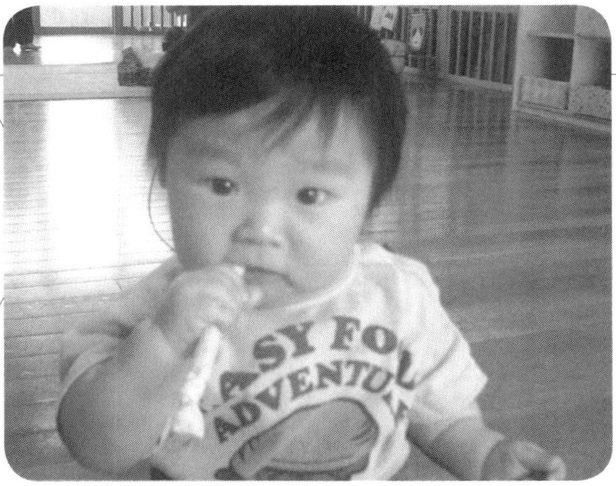

握って口へ…結び目のところが楽しいようす（8か月）

鈴

❶布を切って、
ビニールを上において
クルクル巻いていく

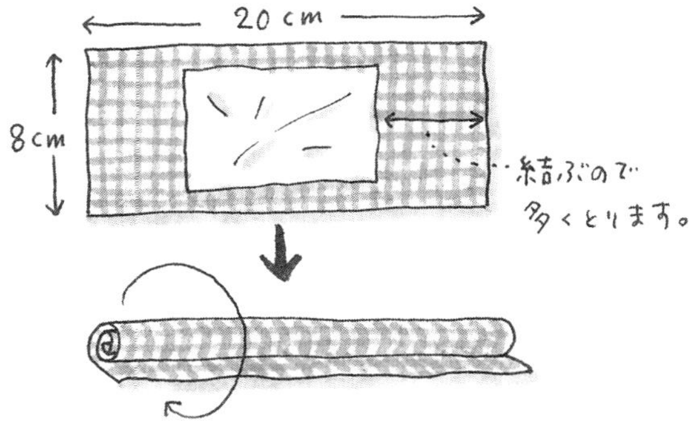

❷布の端を折りこんでぬう

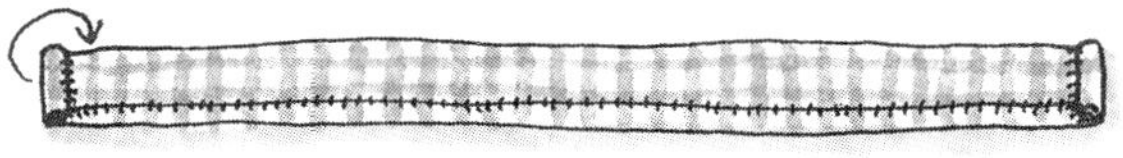

❸両端に結び目をつくり、
一方に鈴をぬいつける

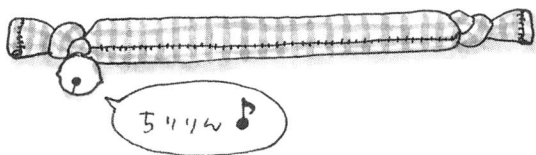

ウッドビーズ

❶鈴のおもちゃ①②まで同じ。
両端をしぼるので布に対して
ビニールは少し大きめにする

❷ウッドビーズを通して結んだひもを
２本つくっておく

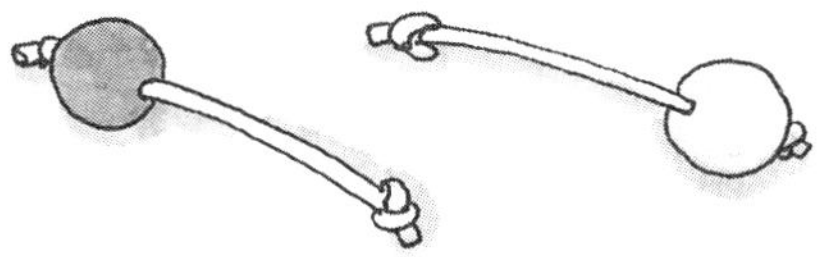

❸①の両端に②のひもを入れ、
口をしぼってしっかりぬいつける

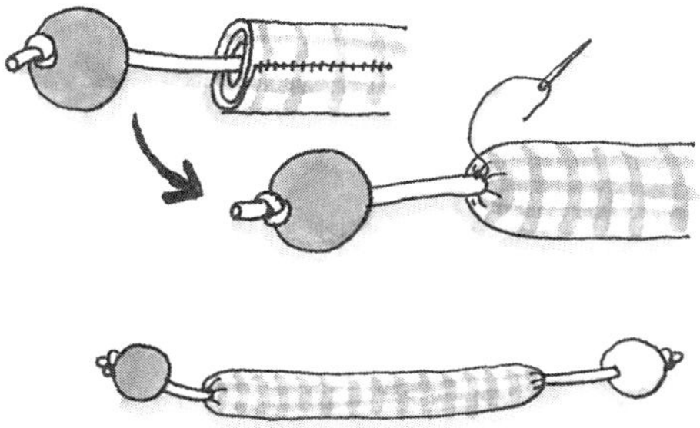

りんごの握りおもちゃ

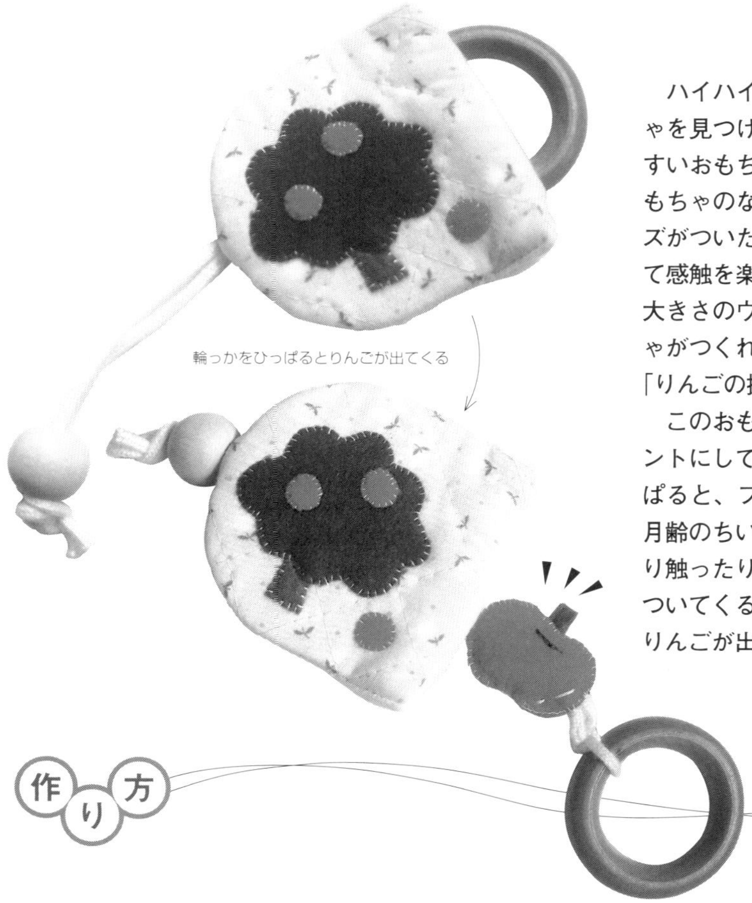
輪っかをひっぱるとりんごが出てくる

ハイハイを始めると、次から次へとおもちゃを見つけて遊ぶので、子どもたちが扱いやすいおもちゃをたくさん用意します。握りおもちゃのなかで人気が高いのは、ウッドビーズがついたものです。触ったり、なめたりして感触を楽しむのが大好き。いろいろな形や大きさのウッドビーズを使って楽しいおもちゃがつくれないかな、と思ってつくったのが「りんごの握りおもちゃ」です。

このおもちゃは、キーケースの仕組みをヒントにしてつくりました。木の輪っかを引っぱると、フェルトのりんごが顔を出します。月齢のちいさい子は、ウッドビーズをなめたり触ったり。月齢が高くなると腕や指の力もついてくるので、輪っかを引っぱると中からりんごが出てくることがわかってきます。

作り方

材料

まな板シート
キルティングの布
スウェット地の布
フェルト
木の輪
ひも
わた
ウッドビーズ
ししゅう糸

❶まな板シートとキルティングの布、スウェット地の布をそれぞれ２枚切る

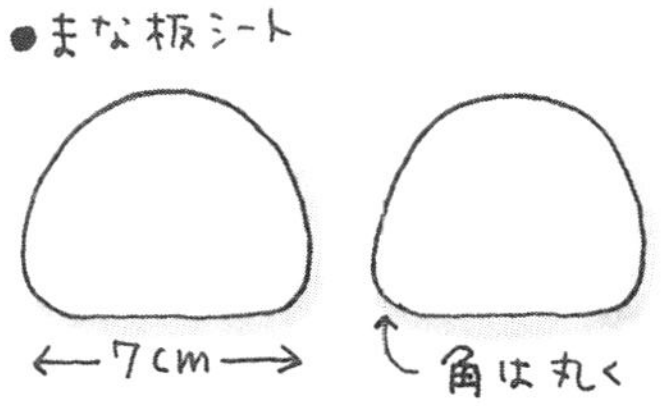

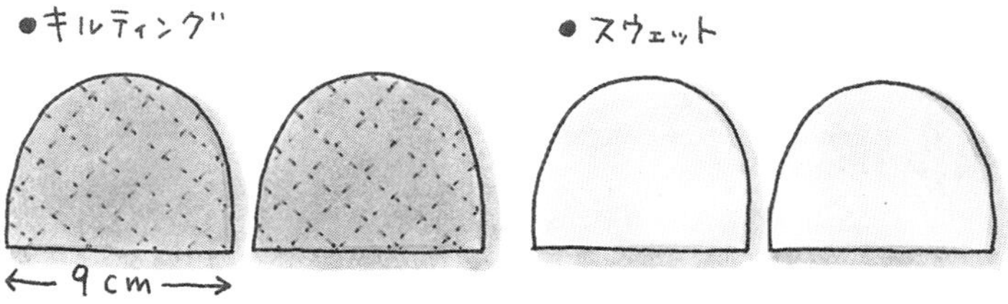

❷キルティングの布にフェルトでアップリケをつける

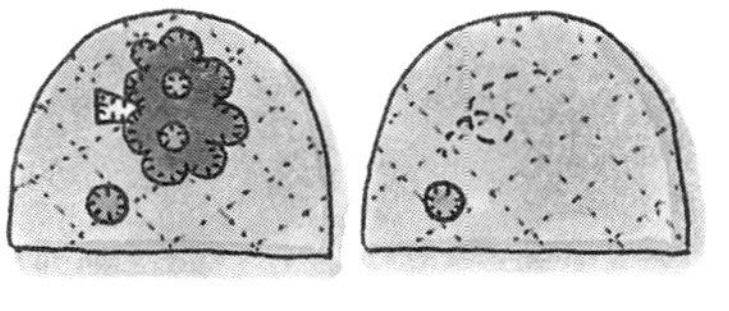

友だちが遊んでいるのを見て「ボクもしたい！」といっしょに引っぱろうとしたり、そばで早く引っぱりたくて待っている子も。中からりんごが出てくると、にっこり。「出てきたよー」と保育者に教えてくれます。大きくなると、「いないいないばあ」のように、何回も繰りかえして遊べます。

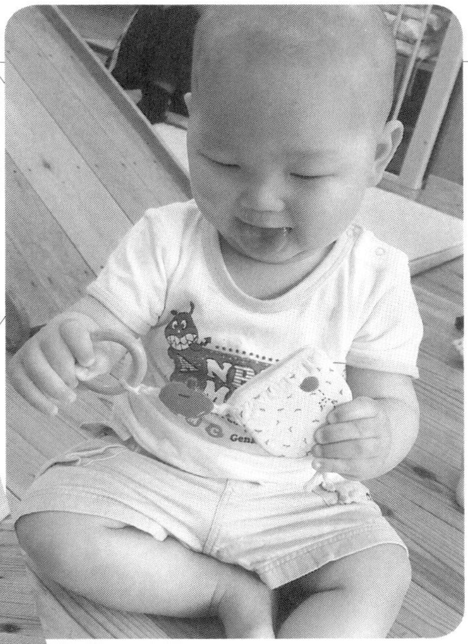

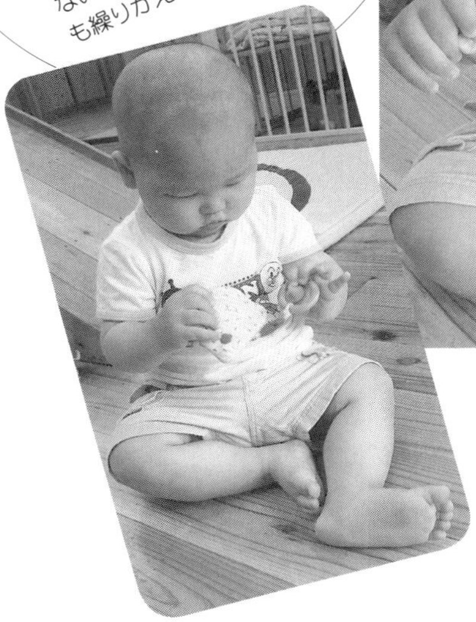

「これはおもしろそう」少ーし引っぱってみると…
「ねえねえ…ほら出てきたよー」
（1歳1か月）

❸キルティングの布とスウェット地の布をあわせて中表にしてミシンでぬう。これを２枚つくる

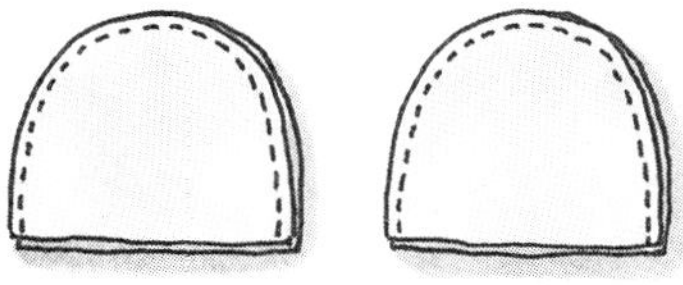

❹③を表に返して、中にまな板シートを入れて、図の部分をすくいとじする

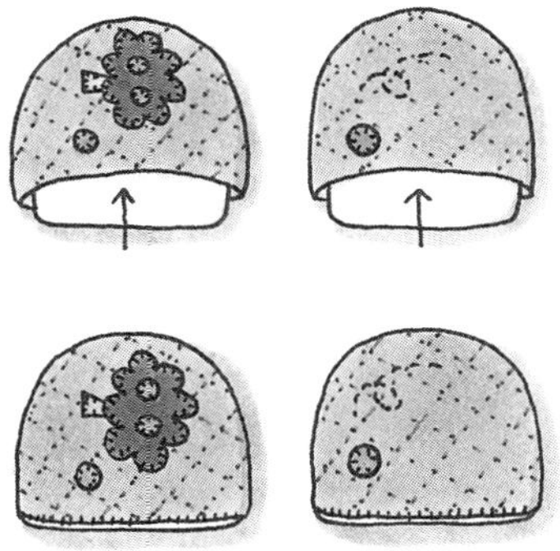

❺④の２枚を、スウェット地を内側にしてあわせ、まわりをぬいとめる

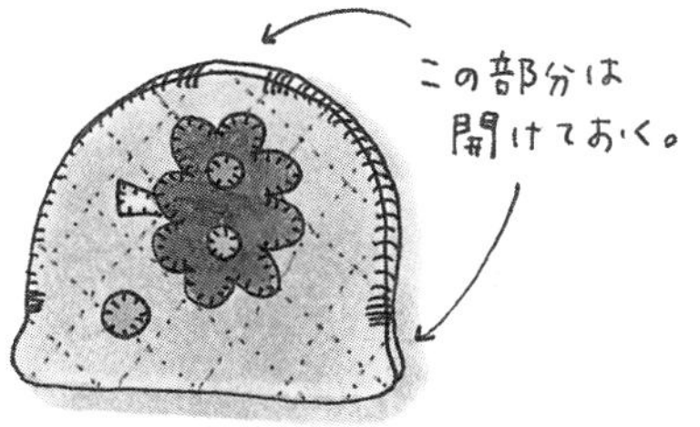
この部分は
開けておく。

❻フェルトでりんごの形を２枚つくり、ししゅうをする

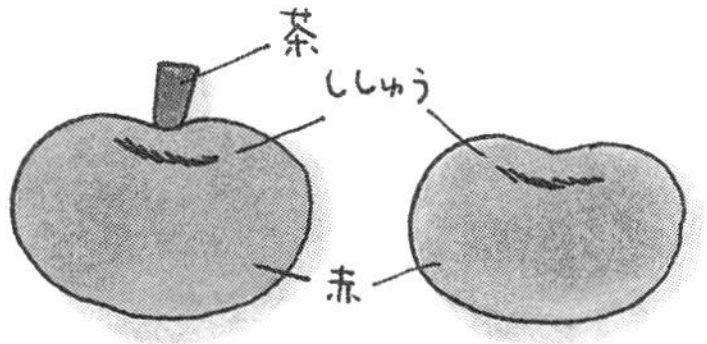
茶
ししゅう
赤

❼木の輪にひもを通し、フェルトのりんごでひもとわたをはさんでまわりをぬう

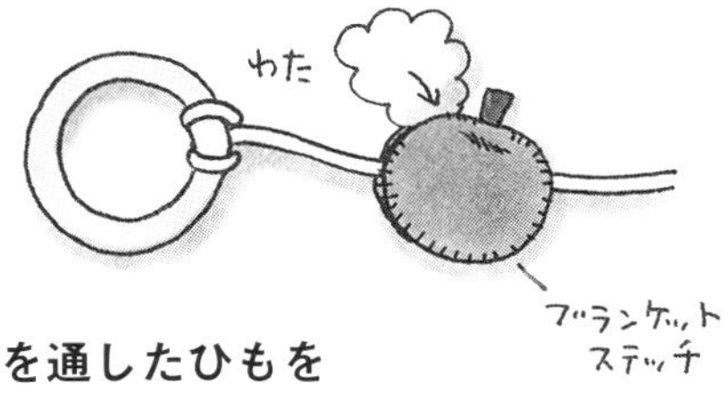
わた
ブランケット
ステッチ

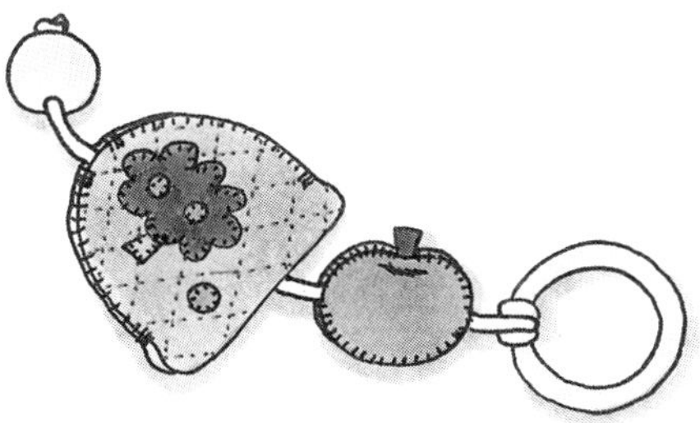

❽りんごを通したひもを⑤に図のように通し、さらにウッドビーズを通して結ぶ

うさぎのいないいないばあ

子どもたちは、「いないいないばあ」が大好き。月齢の高い子は見えないものへの期待がうーんとふくらんでいくとき。そして、月齢の低い子は、目の前でうさぎが飛びだすのを見るだけでも楽しいのが、この「うさぎのいないいないばあ」です。

朝の集まりの時間でも、大人気。わらべうたや季節のうたにあわせて動かしながら遊びます。

これは、ポテトチップスの空き容器を利用してつくりました。筒の中からうさぎを勢いよく「ばあ」と出したり、ゆっくり出したり、両手を左右に動かしたりと、子どもの姿を見ながら遊びます。胴体の部分に少しゆとりをもたせてつくったので、左右に棒を動かすと動きが出て表情も一段と豊かになります。

作り方

材料

- ガーゼの布（ベージュ）
- チェックの布
- フェルト
- ししゅう糸
- ボタン
- キルティングの布
- バイアステープ
- レース
- さいばし
- わた
- 布(白)
- ガムテープ(白)
- ポテトチップスの空き容器
- 糸
- 接着フェルト

❶ガーゼの布を中表に折り、うさぎの顔とからだを切ってミシンでぬい、表に返して顔としっぽをつくる

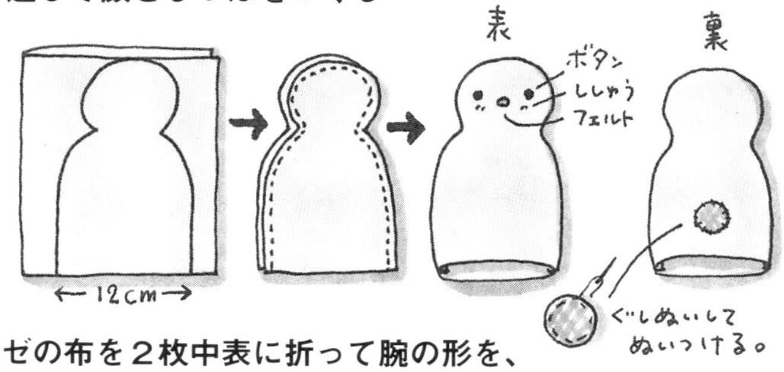

❷ガーゼの布を２枚中表に折って腕の形を、ガーゼとチェックの布２枚を耳の形に切り、あわせてミシンでぬう

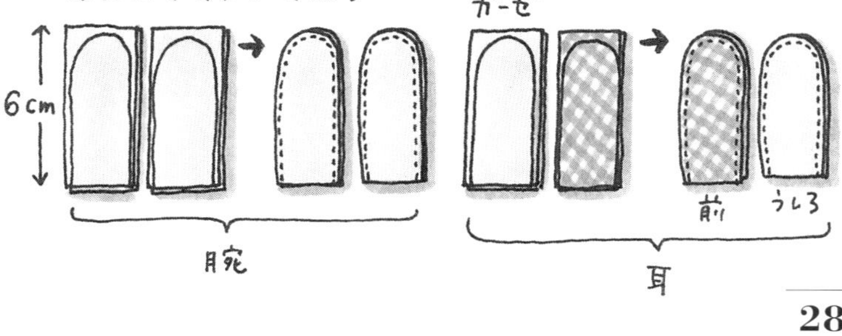

「うさぎさん、また出てくるかなあ」と、その間がドキドキするとてもステキな時間でもあり、みんなの気持ちが一つになるときです。「ばあ」と出てきたときの子どもたちの表情を見ていると、保育者もうれしい笑顔でいっぱいになります。

「あれっ？　まだ出てこないなあ」
中から出てくるとうれしくて全身で喜びを表してくれます（8か月）

フェルト

❸②のそれぞれに
わたをつめて、①にぬいつける

❹キルティングの布を切り、
フェルトのアップリケをつけて、
下部にバイアステープをぬいつける

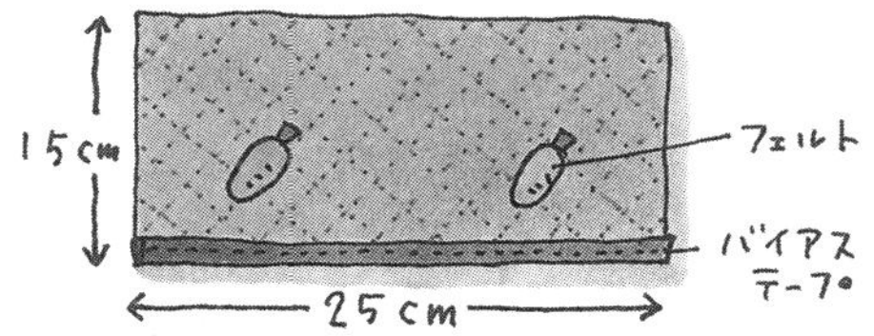
15cm
フェルト
バイアステープ
25cm

❺④を中表に折って、
ミシンで筒型にぬう

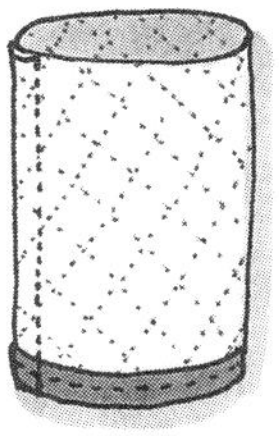

❻⑤に③を入れ、
うさぎのすそと
バイアステープ
の部分を
重ねてぬう

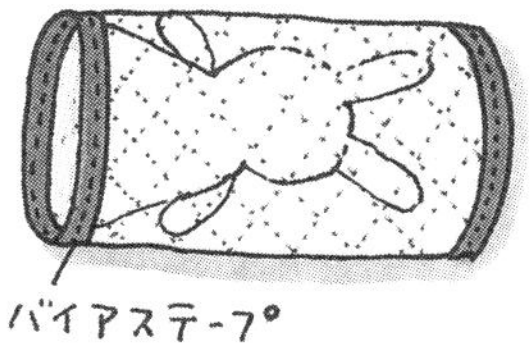
バイアステープ

レース

❼⑥を表に返してうさぎと筒の境目に
レースをぬいつける

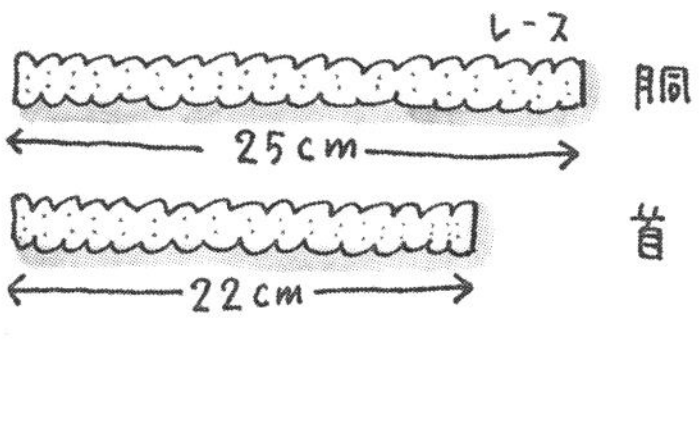
レース
胴
25cm
首
22cm

❽わたを白い布につめて、
さいばしを中に入れ、
ぬけないように糸で
しっかり結ぶ

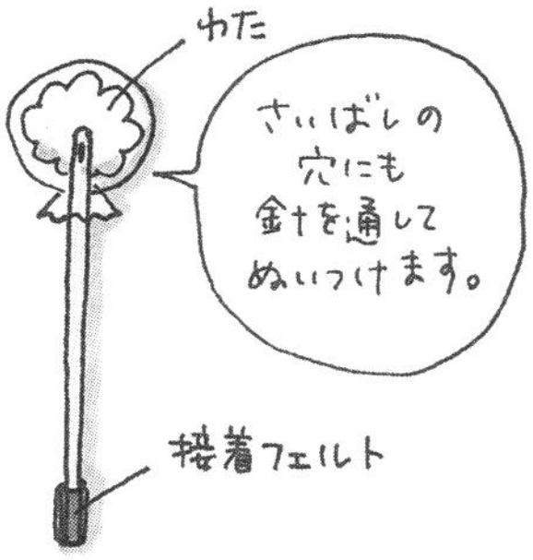
わた
さいばしの
穴にも
針を通して
ぬいつけます。
接着フェルト

❾うさぎの顔に⑧を入れ、
ぬけないように上からぬいつける。
ポテトチップスの空き容器を
ガムテープでしっかり補強し、
⑦の下から入れる

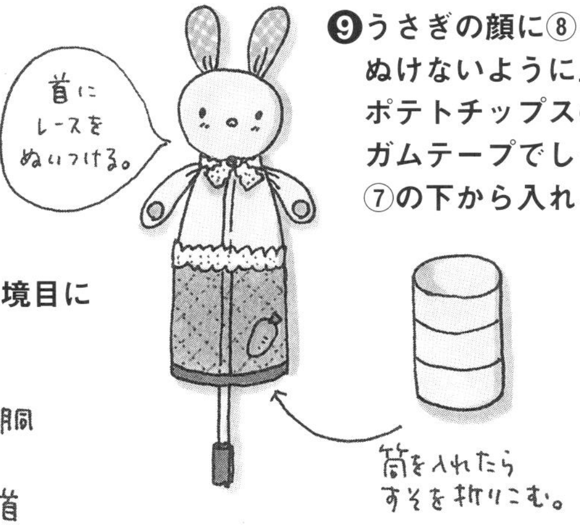
首に
レースを
ぬいつける。
筒を入れたら
すそを折りこむ。

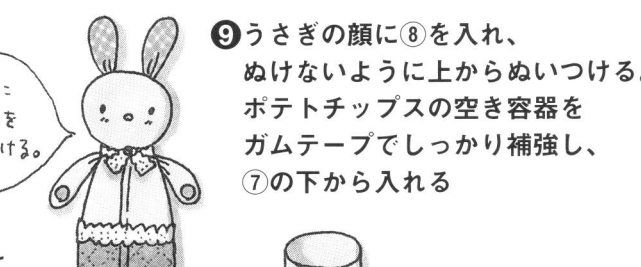

きせかえパペット

ドイツに行ったとき、おもちゃ屋さんで目にとまったおもちゃがありました。それは、ハンドタオルぐらいの大きさの布の一角に顔がししゅうしてあり、帽子をかぶった女の子やうさぎがアップリケされていました。裏にはポケットがついていて、指を入れてパペットのように動かして遊ぶことができます。ちいさい子どもたちは、やわらかい布の感触を楽しみながら遊べるし、少し肌寒いときにはからだにかけたり、タオルがわりに拭くこともできます。しかも、洗って何度も使えます。１枚の布がちょっとした工夫でおもちゃや実用的に考えられていることに感心しました。

そこで考えたのが「きせかえパペット」です。ハンカチやハンドタオルがあっというまに楽しいおもちゃになります。

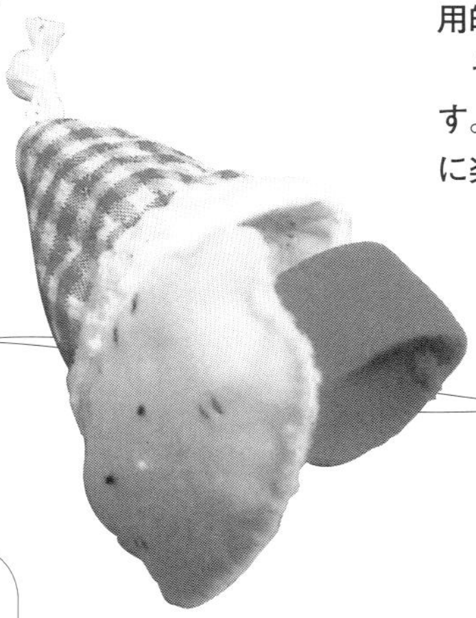

作り方

材料

フェルト
ししゅう糸
わた
キルティングの布
バイアステープ
レース
ゴム

❶フェルトを顔の形に２枚切る

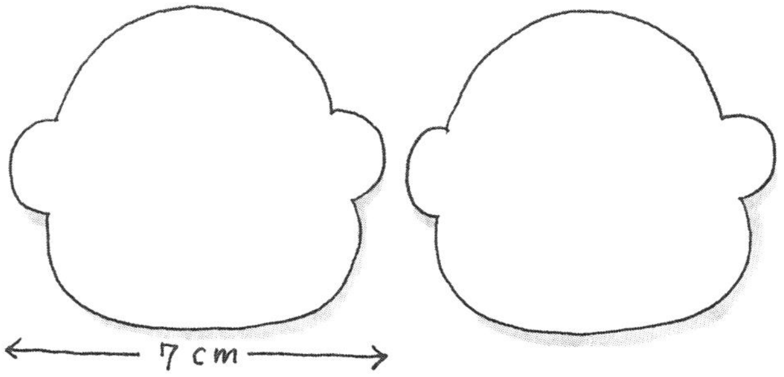

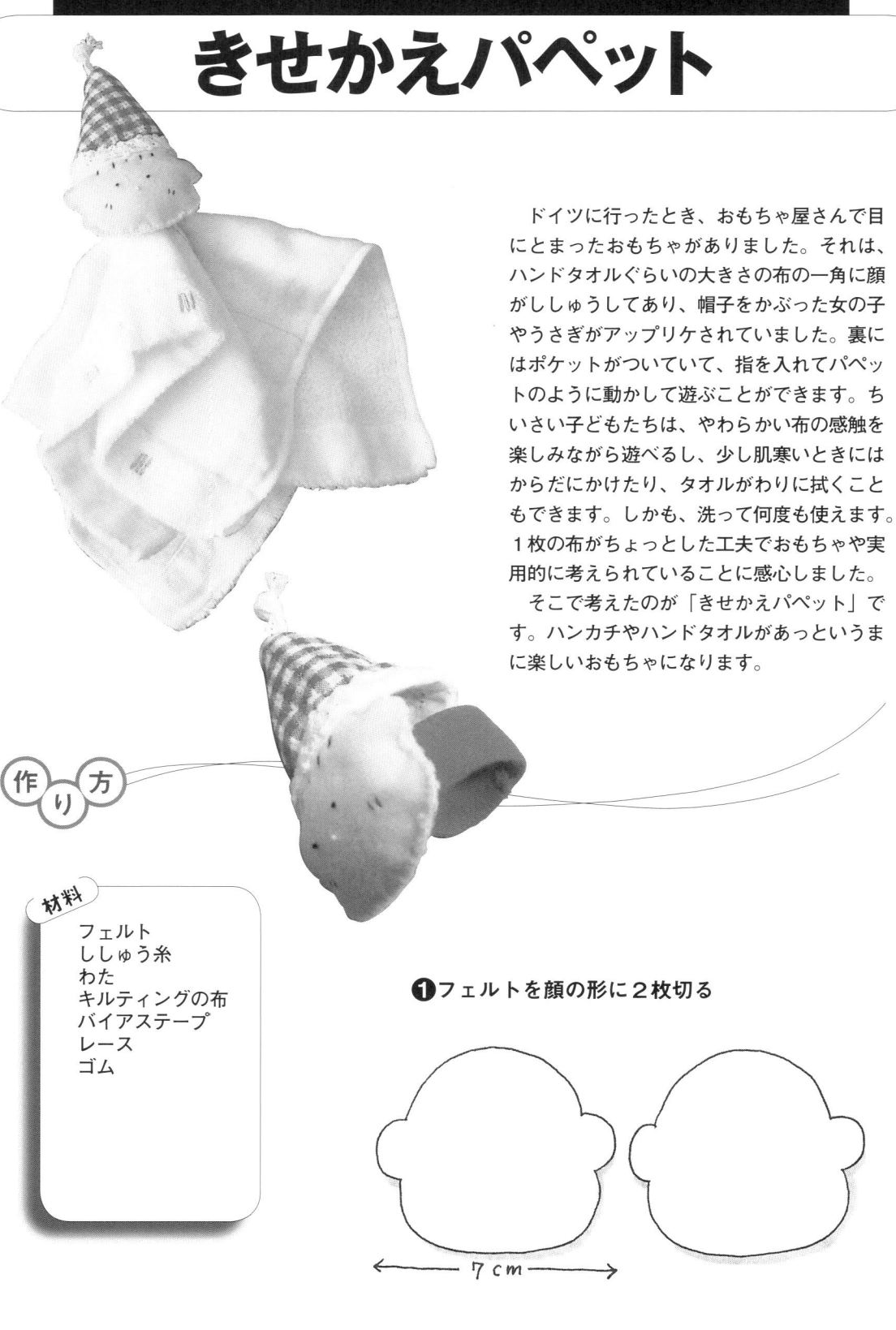

ハンカチ、ハンドタオルの素材や色、模様などいろいろなものがあるので、きせかえるとパペットの表情も変わります。そこがまた、このおもちゃのいいところです。歌にあわせて動かしたり、「いないいないばあ」で何度も楽しんだりして遊んでいます。

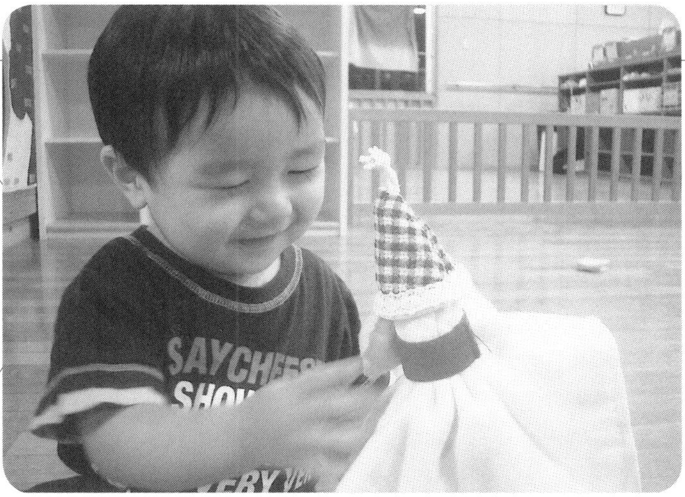

興味がいっぱい。パペットが動くとニコニコ
おしゃべりしながら動かして遊びます（1歳5か月）

❷①の1枚に ししゅう糸で顔をつくる

❸2枚の顔をあわせてまわりをブランケットステッチでぬい、中にわたを入れてぬいとじる

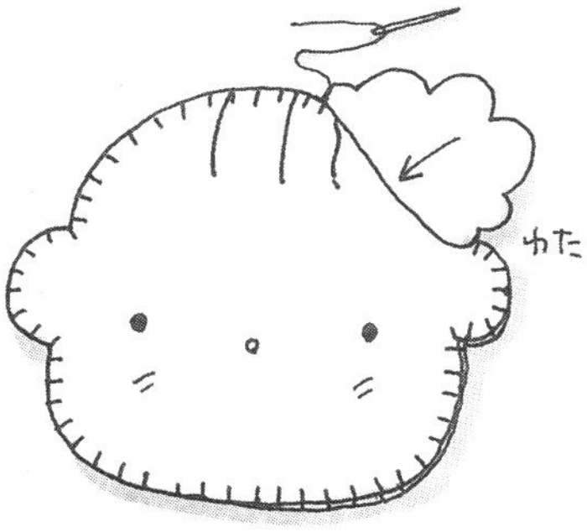

❹キルティングの布を半円に切り、イラストのようにぬいとめる

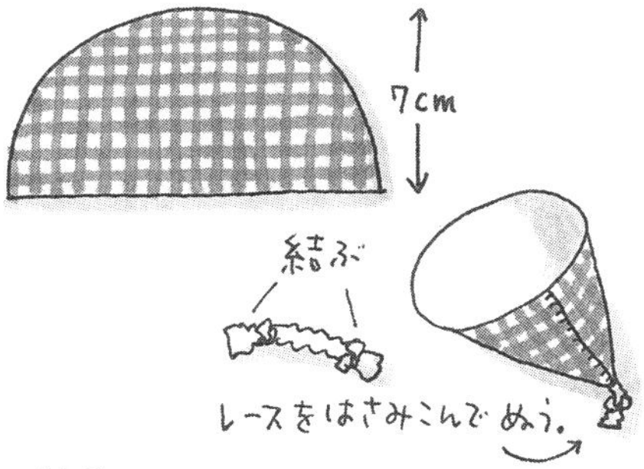

❺④のふちにバイアステープをつけ、レースをつける

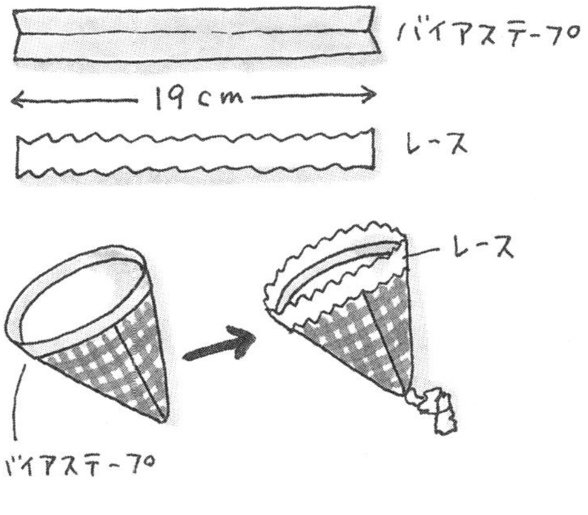

❻③の顔に⑤をつける

❼ゴムを切って輪をつくり、うしろにぬいつけ、タオルを輪に通す

おひさまキュッキュッキュッ

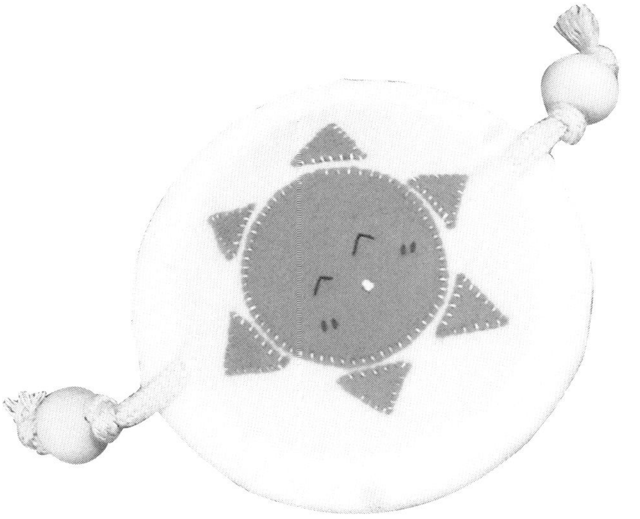

雑貨屋さんをのぞくと、かわいらしいふきんがたくさんあります。ガーゼのような素材でしっかりと水分をふきとるものが主流のようです。「これで何かおもちゃがつくれないかなあ」と思っていました。

うつぶせの姿勢で楽しんで遊べるようになった、てつよしくん。おもちゃを見つけるとグーッと手をのばして取ろうとします。そんな姿を見て考えたのが「おひさまキュッキュッキュッ」。缶のふたをふきんで包むかんたんなおもちゃです。「これは何かなあ…触ってみたいなあ」と思えるように、明るい色のアップリケを選びました。おひさまのところを押すと、キュッ、キュッ、キュッと、とてもいい音が鳴るようにしました。軽くて持って遊ぶにはちょうどいい大きさ、厚さのようです。

作り方

材料

- ふきんの布
- フェルト
- ミルク缶のふた
- わた
- ししゅう糸
- 押笛
- 布のひも
- ウッドビーズ

❶ふきんの布とフェルトを丸く切る

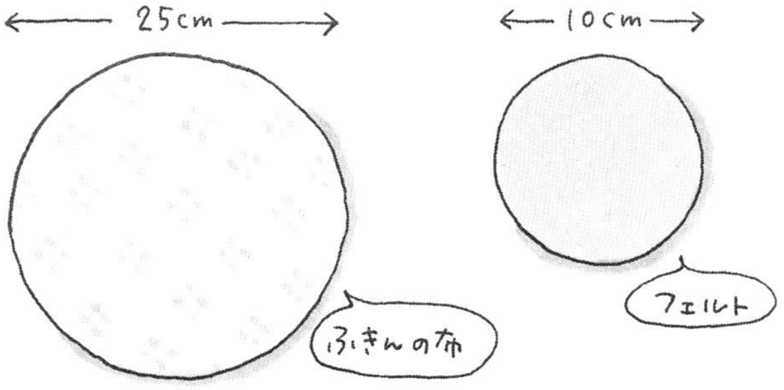

❷フェルトにアップリケをつける

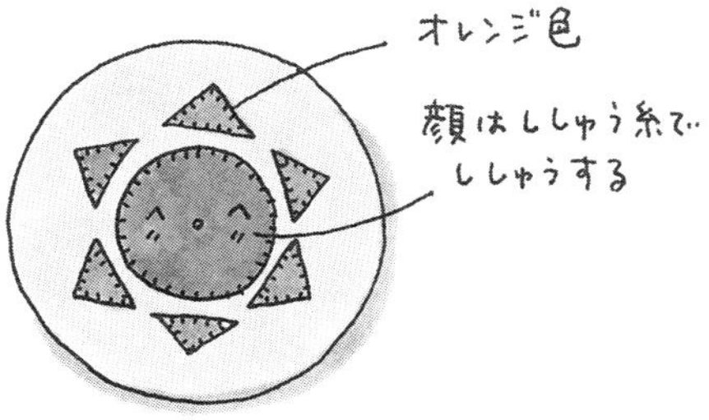

「なんかおもしろいものみつけたぞー」
うつぶせの姿勢でもいっぱい遊べるよ

床にあったこのおもちゃを見つけ、うつぶせの姿勢で遊び始めたてつよしくん。おもちゃを持ったまま、クルリとあおむけにひっくり返りました。まずじっくりとながめて、触って、なめて、ひっくり返したり、振ってみたり。五感をフルに働かせてひとしきり遊びました。

クルリとあおむけに。自由に触ってアップリケが気になる

❸布のひもにウッドビーズを通して結んだものを２本つくる

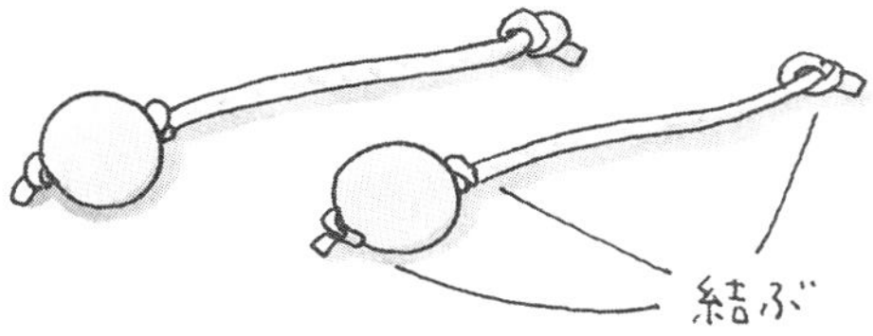
結ぶ

❹ふきんの布のまわりをぐしぬいし、缶のふたの中にわたと押笛を入れたものをのせる

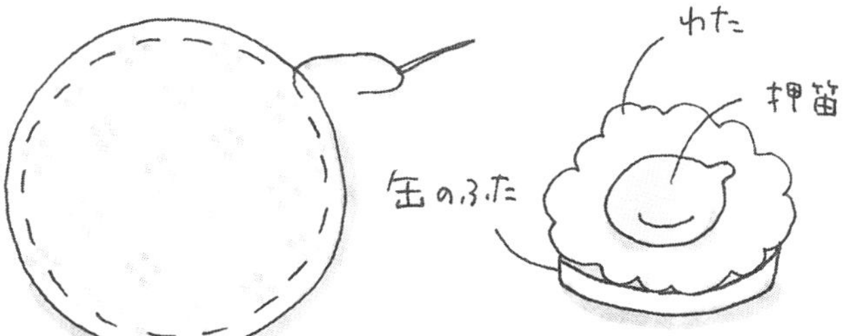
わた
押笛
缶のふた

❺④のしぼり口に③の布のひもを入れてぬいとめる

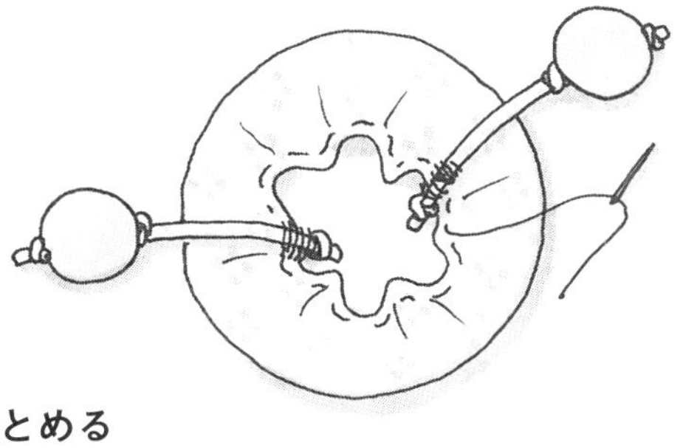

❻⑤に②をぬいとめる

布のひもをぬいこんで
つけたので
より握りやすいおもちゃ
になったようです。

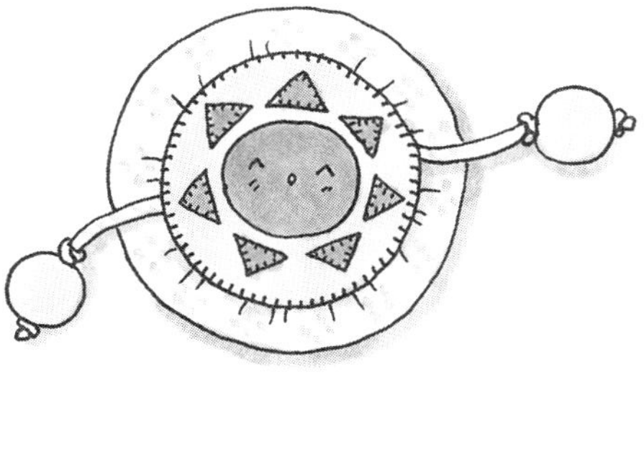

ころんころんボール

おきあがりこぼしは、ゼロ歳の子どもたちにとって魅力的なおもちゃの１つです。市販のおきあがりこぼしで月齢の高い子もよく遊んでいましたが、転がっていくのを楽しむだけでなく、ポーンと投げたいようす。そこで、おきあがりこぼしの動きの楽しさを取りいれ、触れると転がり、投げることもできる「ころんころんボール」をつくりました。

このおもちゃは、うつぶせの子どもたちもおきあがりこぼしとして遊べます。おもちゃの中は、発泡スチロールなので、大きな子が投げても大丈夫。お座りしながらこのおもちゃに触ると、自分の後ろ側に転がっていき、「あれっ？　どこに行ったのかなあ」と探して遊んだりしています。転がっても、遠くに行ってしまわないのがいいようです。

作り方

触るところんころん…
あれ？　転がっていくよ

材料

発泡スチロール
（球体）
ビー玉
ガムテープ
布
フェルト
布のひも

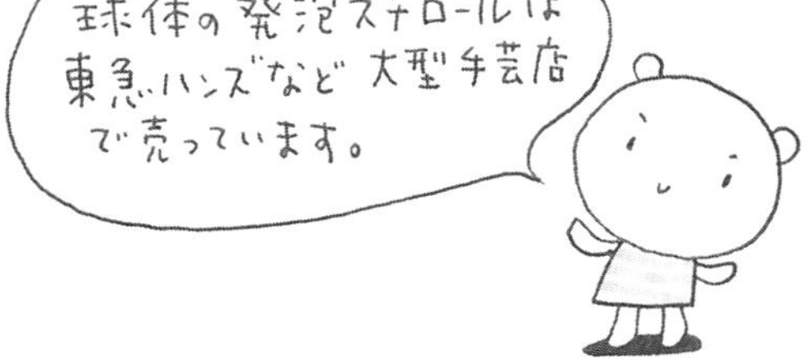
球体の発泡スチロールは東急ハンズなど大型手芸店で売っています。

触れるところころんと転がっていき、「もっと触りたいなぁー」という気持ちにさせます。アップリケを変えたり、いろいろな大きさや色あいのものをつくると、楽しいおもちゃになります。

ウーン、触りたいけど動いて行っちゃうよ～

❶発泡スチロールに穴を開けて中にビー玉をうめこむ

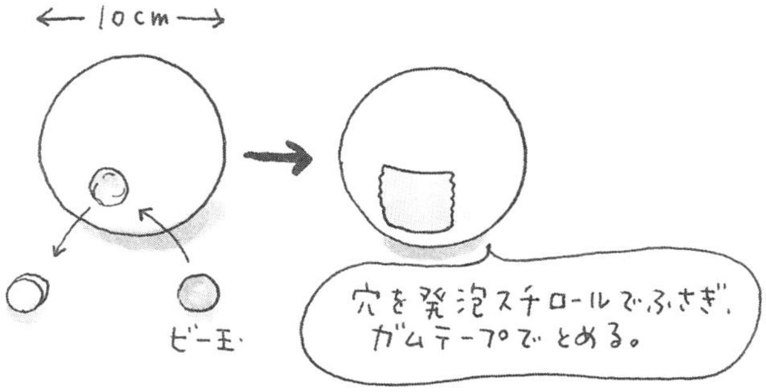
10cm
ビー玉
穴を発泡スチロールでふさぎ、ガムテープでとめる。

❷布を①を包める大きさに切り、フェルトでアップリケをつけ、まわりをぐしぬいする

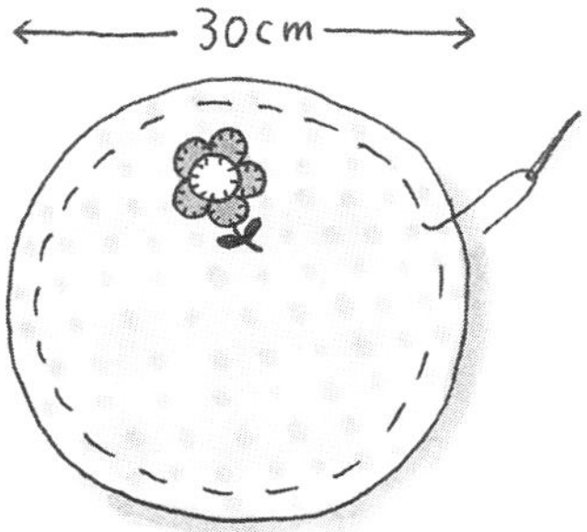
30cm

❸②に①を入れてしぼってとめる

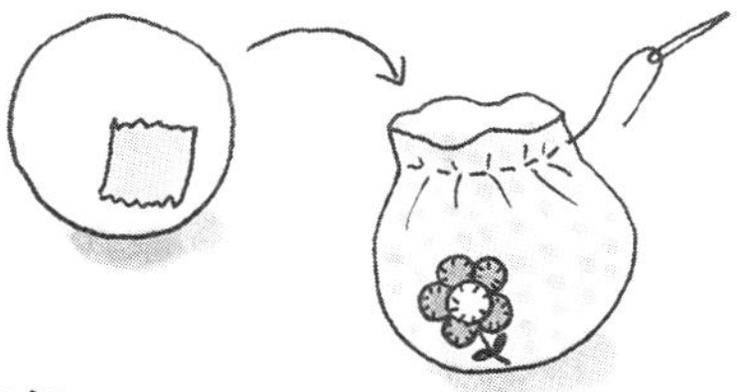

❹布のひもを切って結ぶ

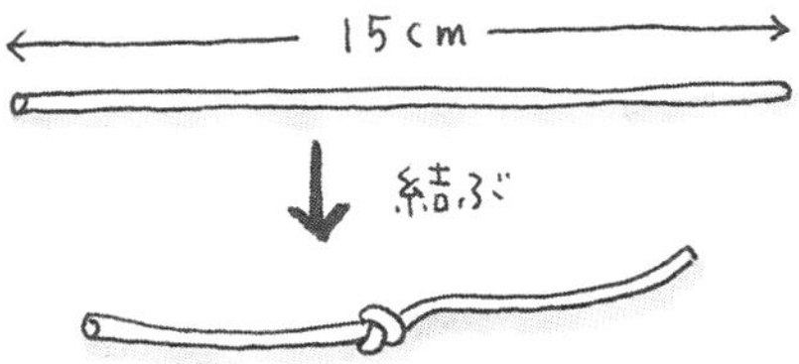
15cm
結ぶ

❺③のしぼり口に④の結び目をあててぬいこむ

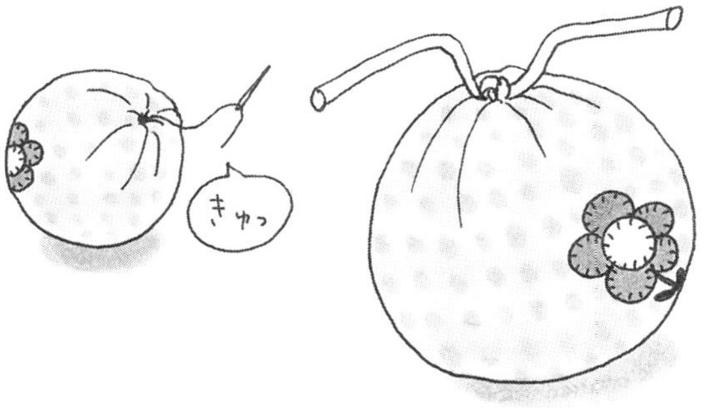
きゅっ

クシャクシャシート

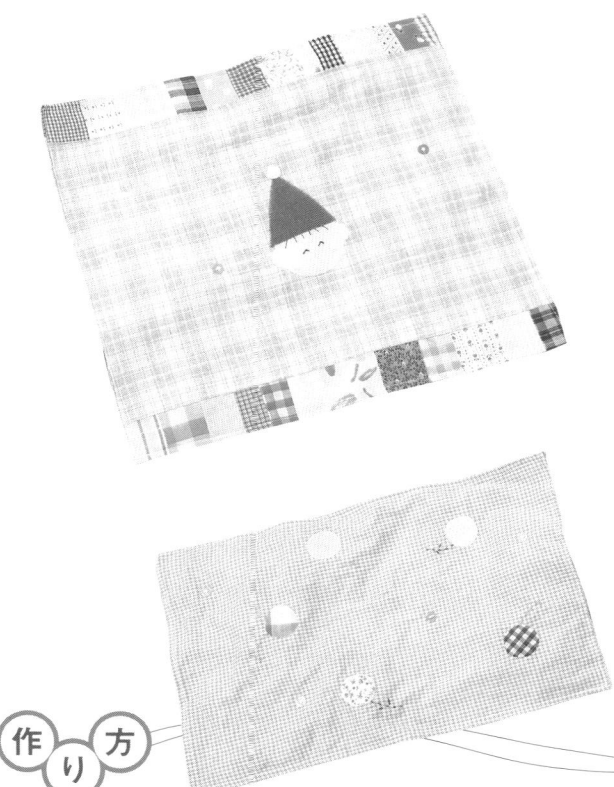

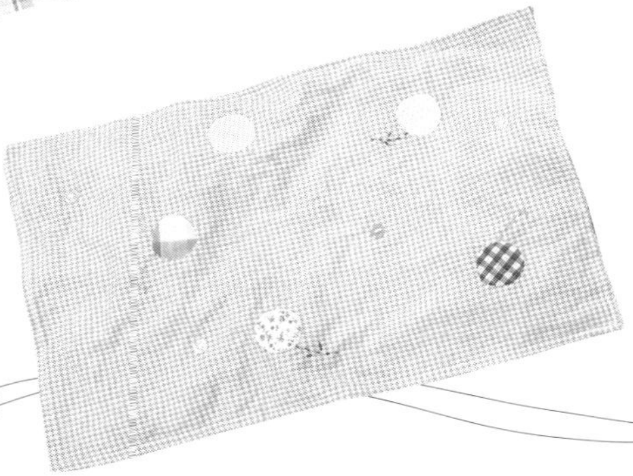

ハイハイを始めると、いろいろなものに興味がいっぱい。「あそこに行きたいなあ」「触ってみたいなあ」と思うと、それに向かって移動します。転がったり、触れると音が鳴るもの、いろいろな形に変化するものが大好き。この時期の子どもたちは、なんでも口に入れて確かめ、感覚を磨いていくことも大切です。

そこで考えたのが「クシャクシャシート」。これだと、紙や広告紙と違って口の中に入れても大丈夫。シートには、それぞれ違った厚さのビニールを入れてみました。触った感触、やわらかさ、音などが違います。また、「触ってみたい！」と思えるように、アップリケをつけたり、パッチワーク風にまわりをぬったりしました。ビニールが布の中で動かないように、ボタンをちりばめてつけました。

作り方

材料

布
ししゅう糸
ビニール
ボタン

❶布を切る

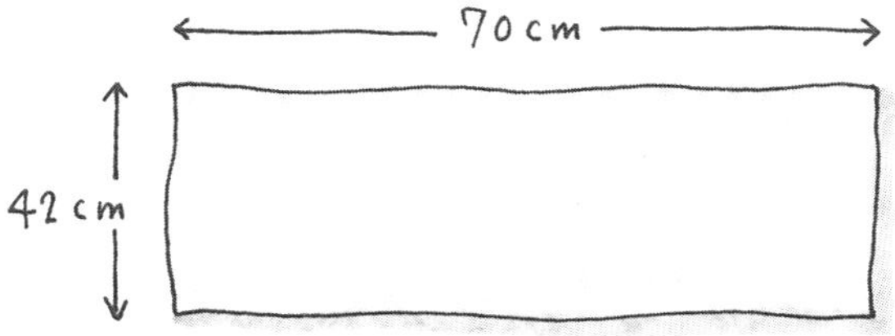

❷①にアップリケをつけ、ししゅうをする

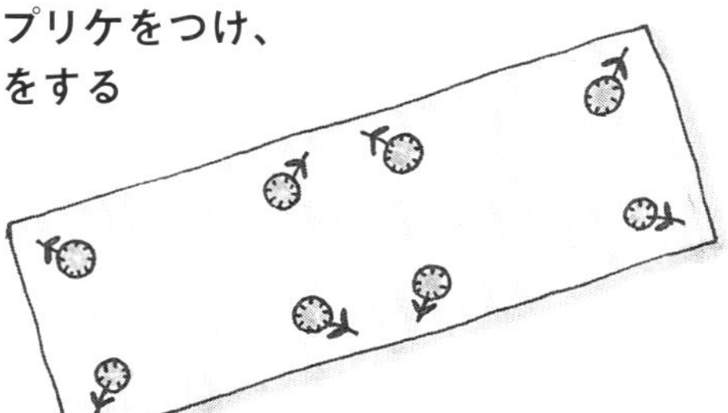

シートを広げて、「いないいないばあ」をしたり、パンパンたたいたり。目の前でクシャクシャッとするとその音を楽しんだり、シートの端をかじったりして長い間遊んでいます。軽いので、うつぶせの子も自分で持ってたっぷりと楽しむことができます。

「なんだ…こりゃ…」長い間、クシャクシャして遊んでいます（1歳3か月）

音を楽しみ、端のほうをかじっています（8か月）

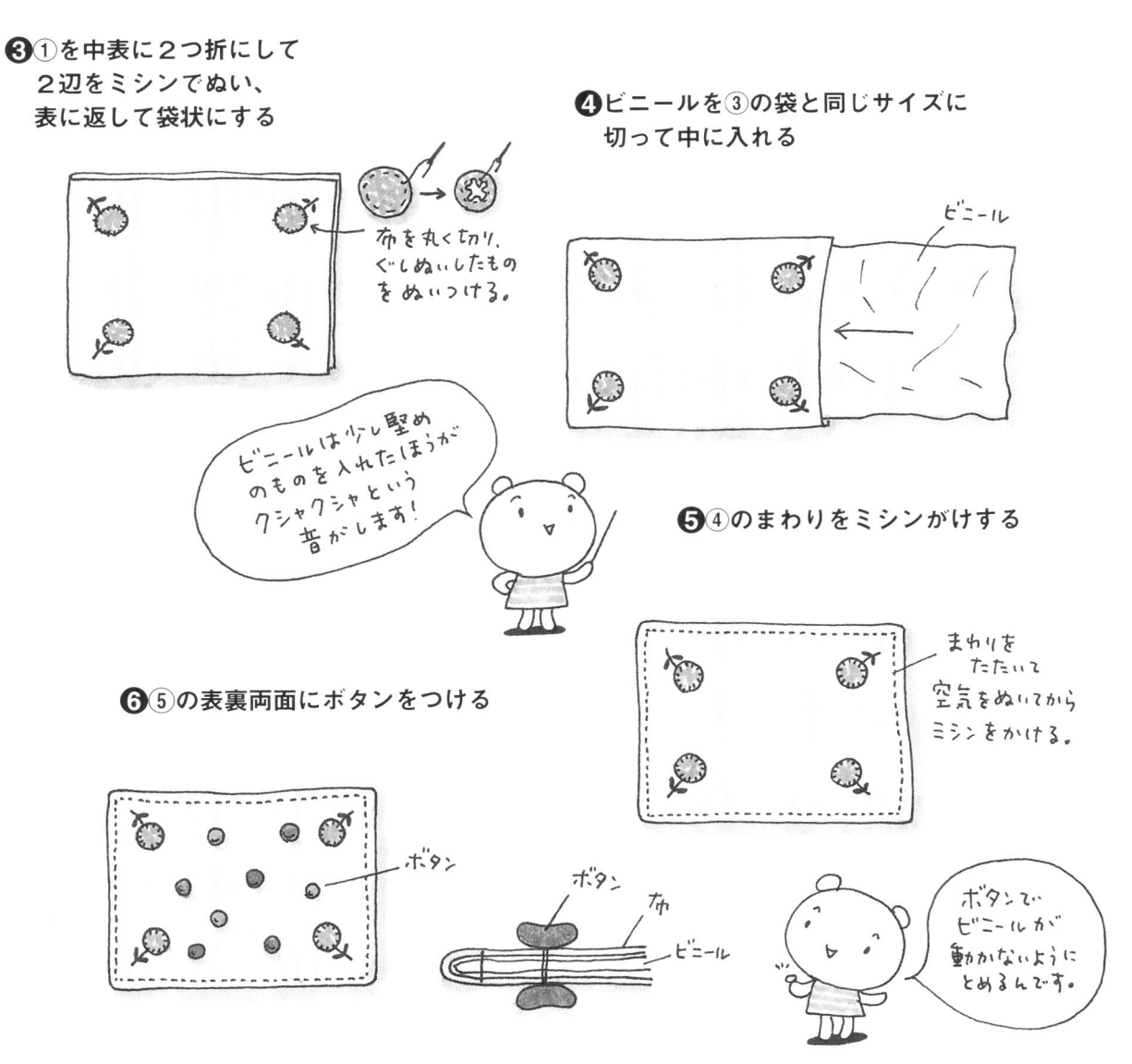

❸①を中表に2つ折にして2辺をミシンでぬい、表に返して袋状にする

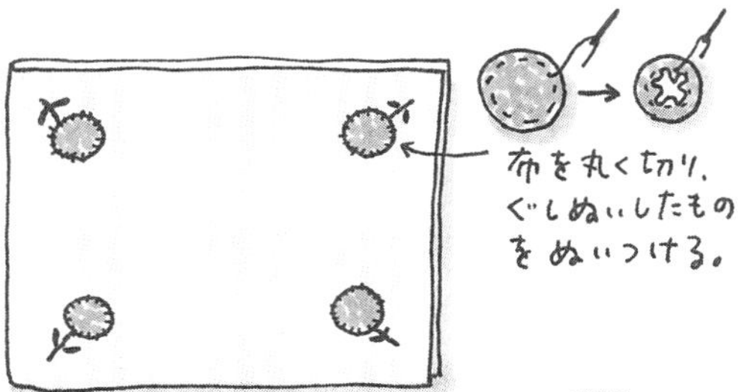
布を丸く切り、
ぐしぬいしたもの
をぬいつける。

❹ビニールを③の袋と同じサイズに切って中に入れる

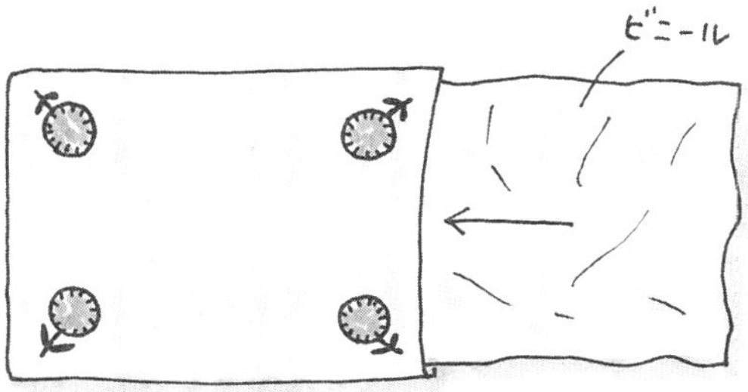
ビニール

ビニールは少し堅め
のものを入れたほうが
クシャクシャという
音がします!

❺④のまわりをミシンがけする

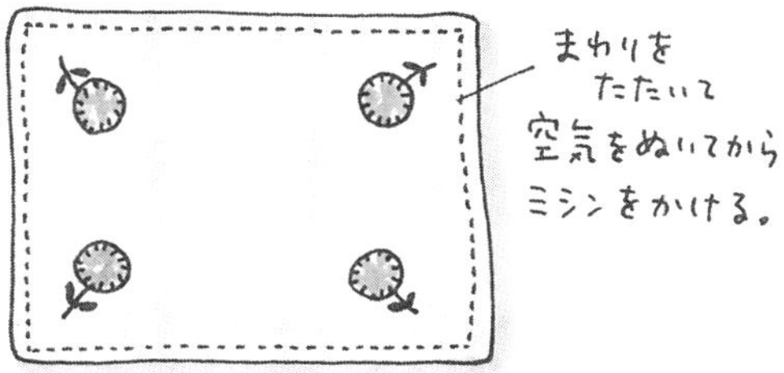
まわりを
たたいて
空気をぬいてから
ミシンをかける。

❻⑤の表裏両面にボタンをつける

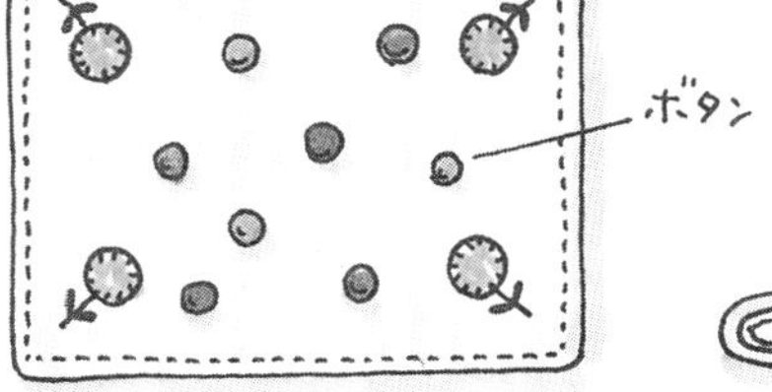
ボタン

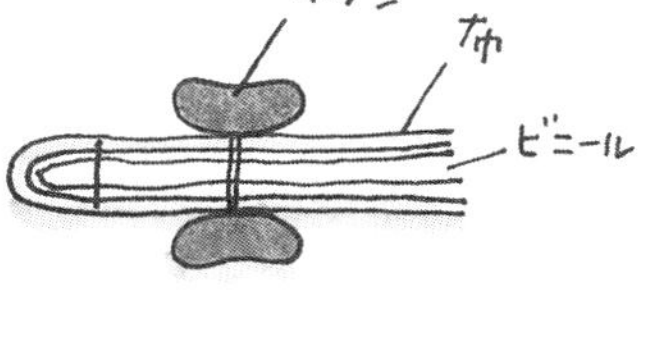
ボタン
布
ビニール

ボタンで
ビニールが
動かないように
とめるんです。

あまだれポッタン

あまだれ
お花
はっぱ

6月は梅雨の季節。その季節ならではの経験をいっぱいさせてあげたいです。テラスから雨を見たり、部屋いっぱいに新聞紙や広告紙をちいさくちぎって「いち、にのさん」で雨を降らせて遊びます。雨のうたも自然に口ずさみます。「あまだれポッタン」も大好きなうたの1つ。そこで、うたに出てくる「あまだれ」と「お花」「はっぱ」をつくりました。

あまだれがお花やはっぱにくっついたり、子どもたちの頭やほっぺた、おててにくっつきます。そして、最後にあまだれがツルリーンと落ちていくのが一番楽しいところです。

あまだれは、ツルツルの裏地でつくったのでほっぺたなどにあたると冷たい感触があり、そこがまた楽しいのかもしれません。

作り方

材料

裏地の水色の布
（あまだれ用）
キルティングの布
花用―ピンク
　　　黄
はっぱ用―緑
ししゅう糸
わた
さいばし
接着フェルト

あまだれ・はっぱ

❶布をあまだれの形とはっぱの形に切り、それぞれにししゅうをする（2枚ずつ）

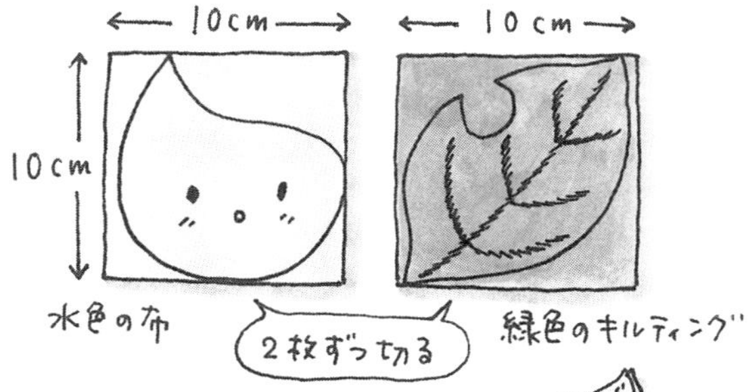
10cm
10cm
10cm
水色の布
2枚ずつ切る
緑色のキルティング

❷①をそれぞれ中表にして、まわりをぐしぬいする

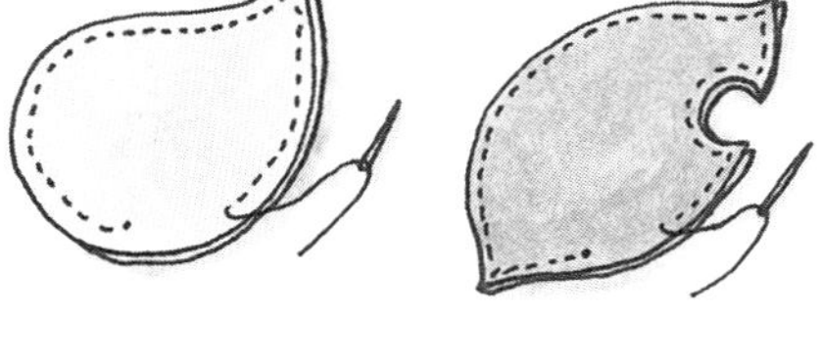

♪あまだれポッタンポーンッ
ピンクのお花にポーンッ　みど
りのはっぱにポーンッ
〇〇ちゃんの頭にポーンッ♪と、
わらべうたにあわせて、あまだ
れを動かして遊びます。「次は
私のところにくるかなあ」とい
う表情で待っている子どもたち。
うたが加わるとより楽しくなり、
とても長く遊べるおもちゃです

最初は見ていたのですが触りたくてとりにきました（10か月）

お花

**❶ピンク・黄色の
キルティングの布を５枚切る**

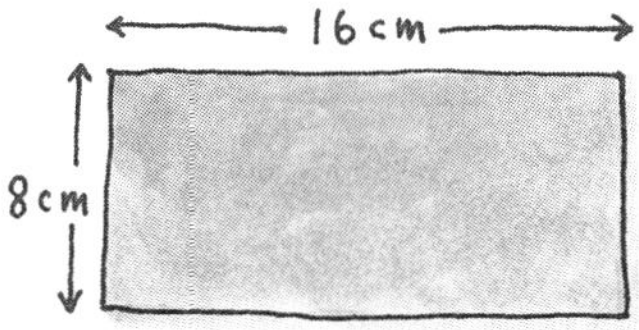
16cm
8cm

❷花びらを５枚つくる

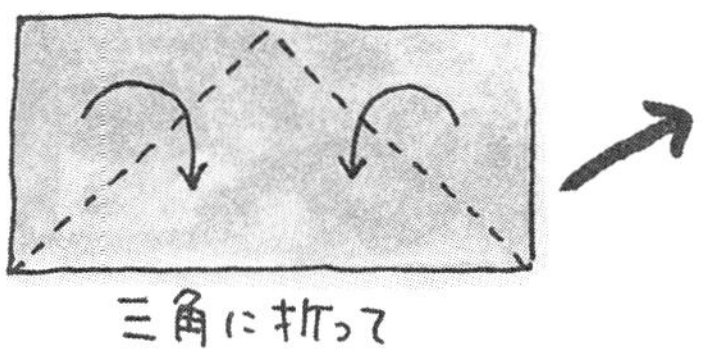
三角に折って

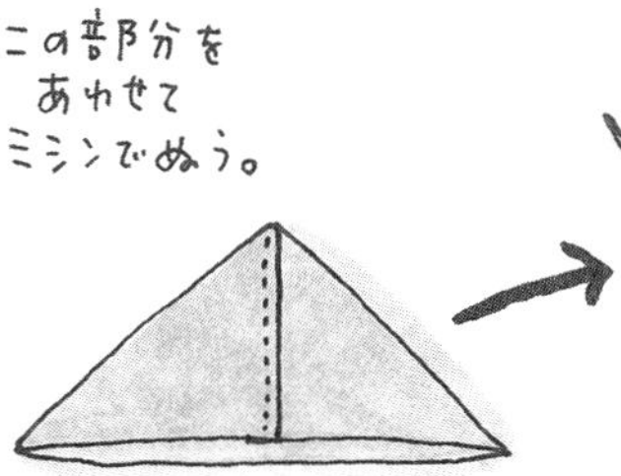
この部分をあわせてミシンでぬう。

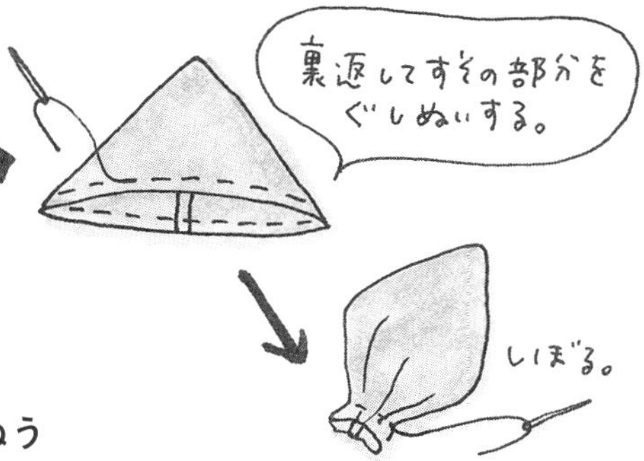
裏返してすその部分をぐしぬいする。
しぼる。

❸②をつなげてぬう

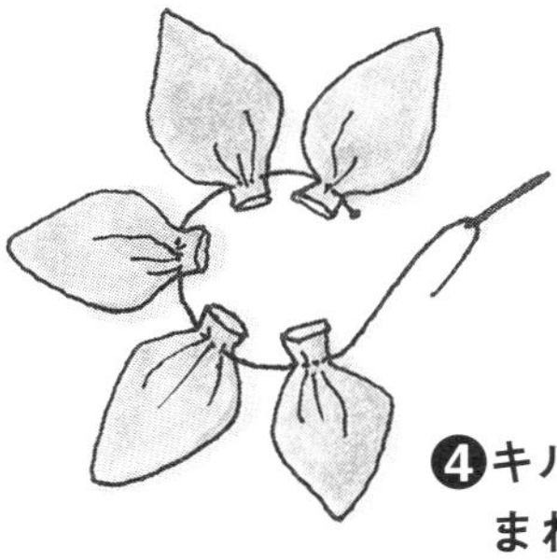

**❹キルティングの布を丸く切り、
まわりをぐしぬいしてしぼり、
③の真ん中にあてててぬいとめる**

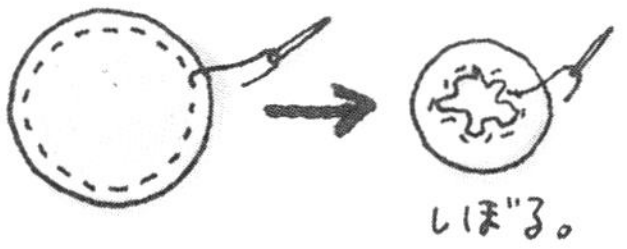
しぼる。

**❺花のうしろに
さいばしを入れて
しっかり
ぬいとめる**

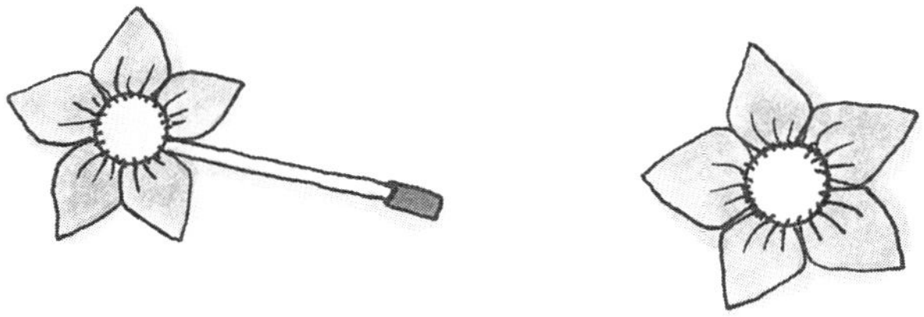

**❸表に返してわたを入れ、しぼり口に
さいばしを入れてしっかりぬいとめる**

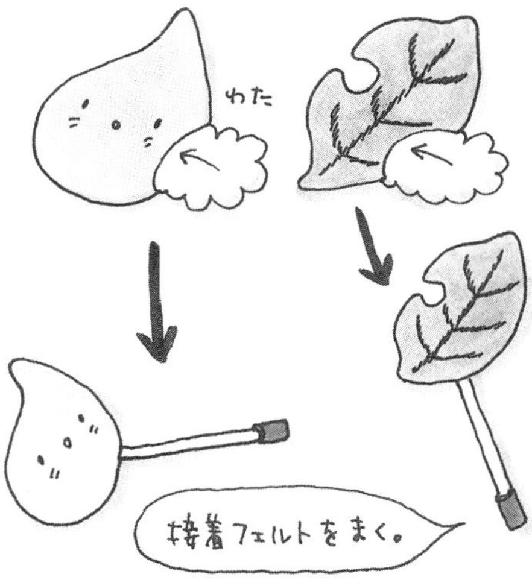
わた
接着フェルトをまく。

うめぼしゅぼうる

♪うめぼしゅ（うめぼし）食べても　さね（種）かむな　なかに　てんじん（天神）ねてござる♪　これは、山口県のわらべうただそうです。うめぼしの種には毒があるのでかんではいけませんよ…ということを、うたにこめてやさしく伝えています。歌うだけでも楽しいのですが、そこに動きやおもちゃが加わることでより楽しい遊びになります。

「うめぼし」のわらべうたなので、赤い布でつくり、うめぼしのシワシワ感が出るように中のわたは心もち少なめにしました。また、子どもたちも手のひらでコロコロと転がして遊べるよう、ちいさめにつくりました。

うたを何回か繰りかえし、最後にそのぼうるを食べるまねをして「すっぱー」というところが、子どもたちは大好きです。

作り方

❶布を切って両端をぬいあわせる

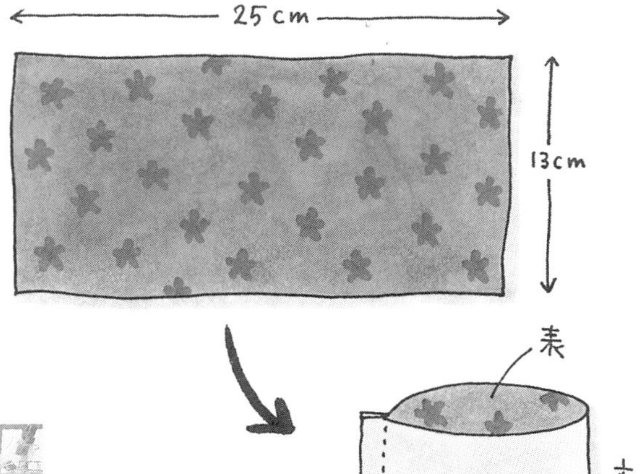

材料

布（赤系の色）
わた
プラスチックの鈴
ボタン

まず、保育者が歌いながら楽しみます。「次、うめぼし食べたい人！」と言うと、みんなやりたくて順番に遊びます

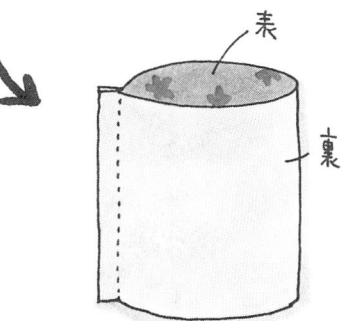

1歳児クラスで食事の前にこのわらべうたを歌いました。あやさんとここねさんは何度も「すっぱー」と、楽しんでいました。その後の食事のとき、すっぱいメニューは何もなかったのですが、食べては、「すっぱー、すっぱー」と二人で顔を見あわせながら言っていました。

「パクッ」と食べるところはちょっとはにかんで。みんなの前だとちょっと恥ずかしいみたい

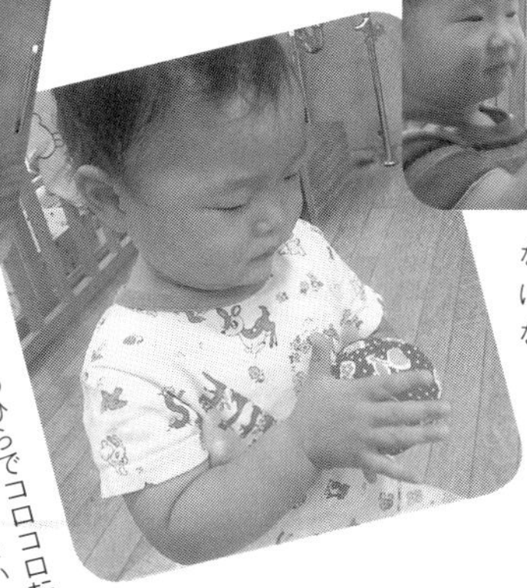

てのひらでコロコロ転がしています。おちないように真剣です（2歳1か月）

なかなか「パクッ」と食べない友だちに、いっしょに口へ。1歳児クラスになるとこんな姿も（1歳11か月）

❷片方の口を
ぐしぬいしてしぼり、
表に返す

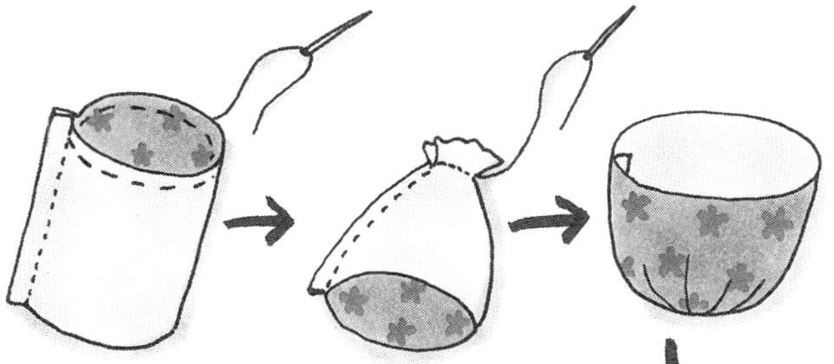

わらべうたなどに
使うおもちゃは
使いやすい大きさや
重さにします。
みんなでできるように
数もそろえるように
しています。

❸②に
わたでくるんだプラスチックの鈴を入れ、
もう一方の口もぐしぬいしてしぼる

❹布を丸く切り、まわりをぐしぬいし、
中にボタンを入れてしぼり、
くるみボタンを２個つくる

❺③で閉じたところにボタンをぬいつける

表

いろいろてぶくろ

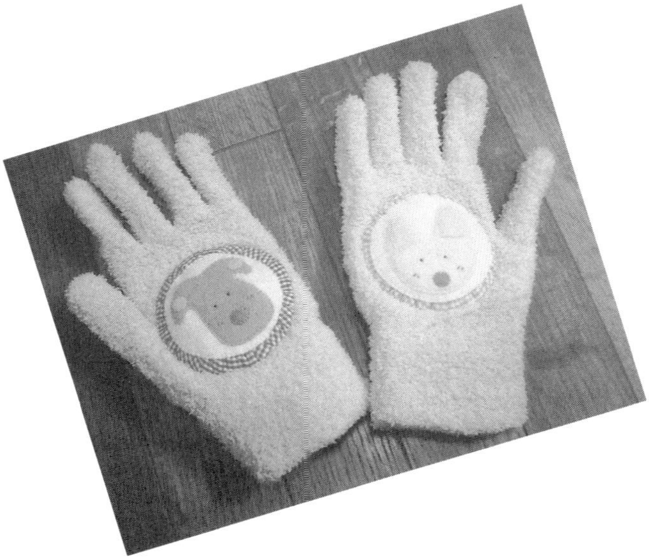

ゼロ歳児のお母さんが、「うちのりょうとはてぶくろが好きで、長いこと遊ぶんです」と話してくれました。そのてぶくろは、甲のところにアップリケがついていて、それを押すと音が鳴るのです。お母さんが反対に（手のひらにアップリケを向けて）手をたたくと、キュッキュッと音が鳴ります。それを見ていたりょうとくん。まねをして、手にはめてパンパンたたいたり、つけたままハイハイすると床にてぶくろが当たり、またまた音がすることを発見。ひとしきり遊んだようです。

この話を聞いて、早速つくってみたのが「いろいろてぶくろ」。子どもたちが自分で手をつっこみやすいよう、おとな用のてぶくろを用意しました。手のひらに大きなアップリケをつけ、押すと音が鳴るようにしました。

作り方

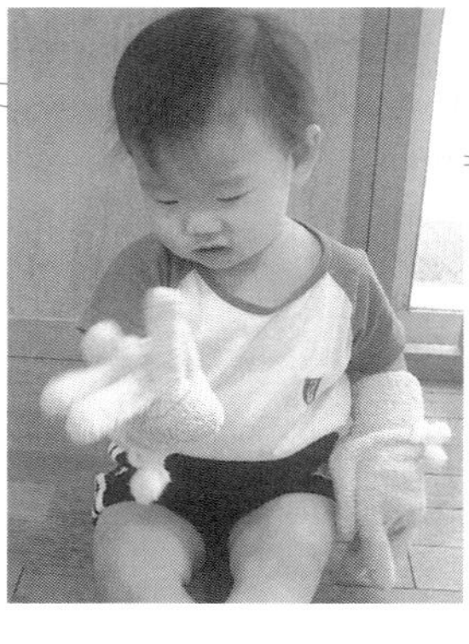

遊んでいるようす
（1歳6か月）

材料

- 布
- ししゅう糸
- フェルト
- キルティングの布
- てぶくろ
- 押笛

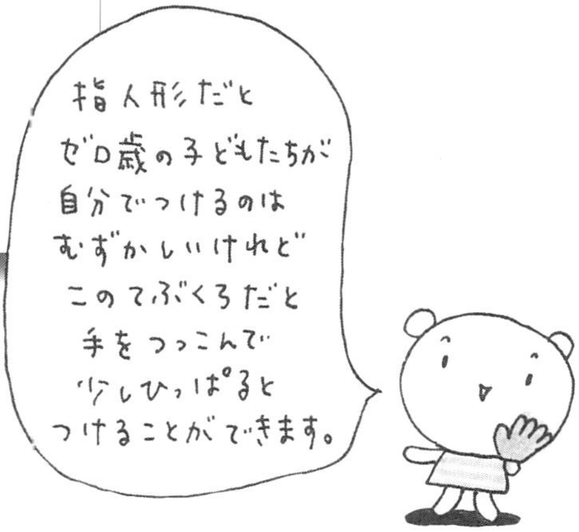
指人形だと
ゼロ歳の子どもたちが
自分でつけるのは
むずかしいけれど
このてぶくろだと
手をつっこんで
少しひっぱると
つけることができます。

みんなが集まったときにも、この「いろいろてぶくろ」は大活躍。♪ワンワン　犬さんどこでしょ…ここよ～のうたにあわせて登場。てぶくろをはめて、指でアップリケを隠し、「いないいないばあ」を楽しんだり、うたいながら手をたたいたりして遊びます。

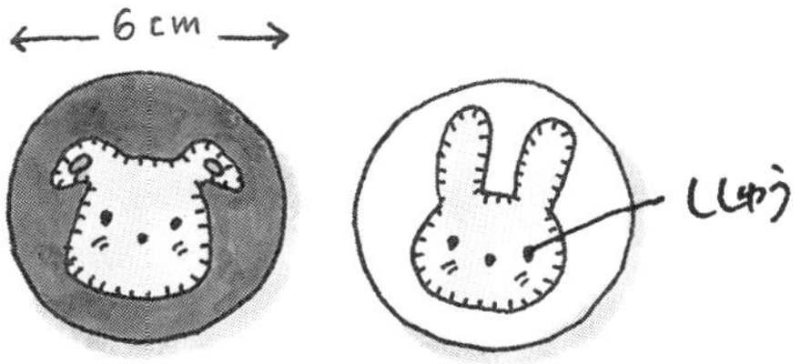

❶フェルトを丸く切り、
アップリケをつける

❷キルティングの布を丸く切り、
①をぬいつける

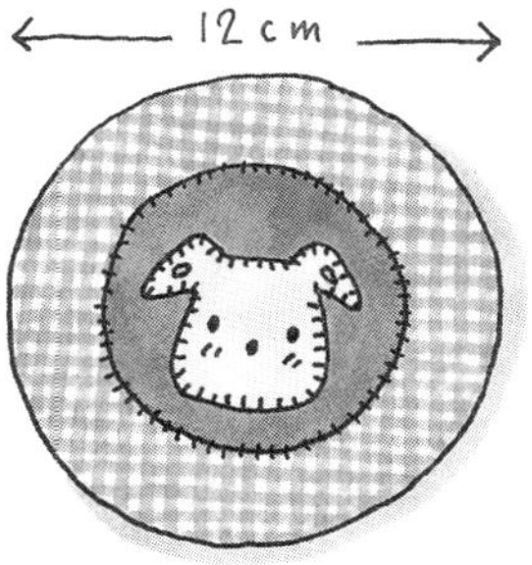

❸②の布のまわりをぐしぬいし、
しぼってちぢめる

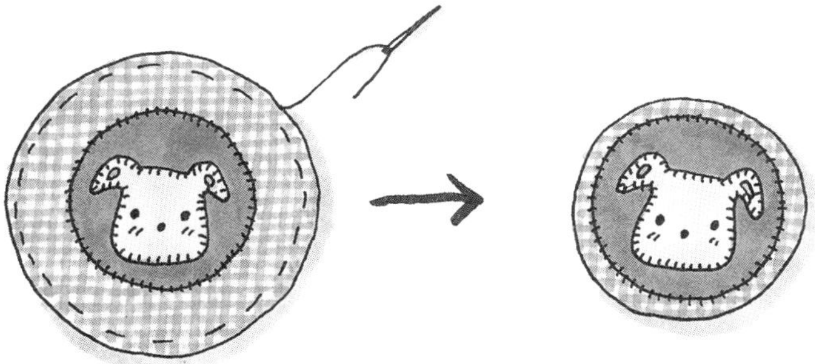

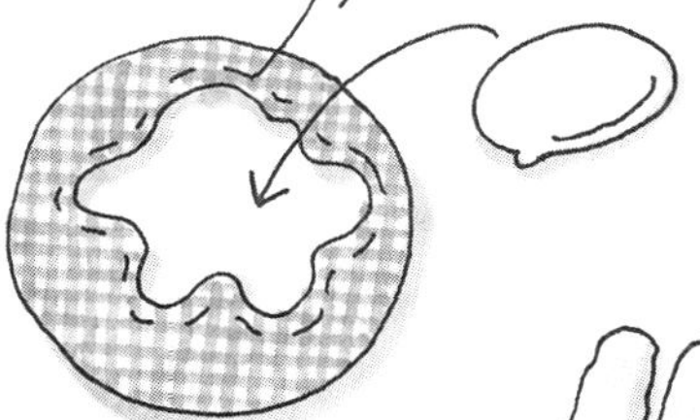

❹③の中に押笛を入れて
てぶくろの手のひら側に
ぬいつける

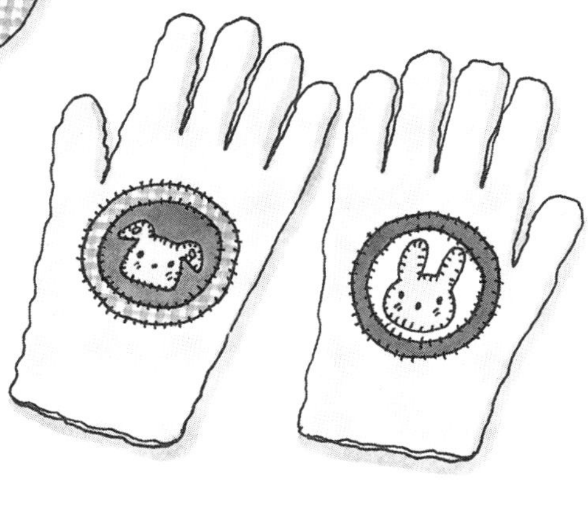

ちいさなかがみ

沖縄の保育園を訪問したとき、ゼロ歳児クラスの部屋のベッドの下にかがみがつけられていました。「かがみも子どもたちにとっては、おもちゃになるんだなあ」と思い、早速つくってみることにしました。見るだけでなく、「触ってみたいなあ」という気持ちになったり、触れても楽しいものをと考え、わたを布で包み、額縁のような形にしました。

また、ひもをつけていろいろなところに取りつけられるようにしました。柵のところにつけると、「おもしろそうなものみーつけた」とハイハイで寄っていき、手をのばして触ろうとしたり、前にどっしりと座りこんで遊んだり。ハイハイの時期は、柵の低いところに取りつけます。歩けるようになったら、立ってのぞけるところに取りつけます。

作り方

材料

かがみ
キルティングの布
布
わた
まな板シート
布のひも

❶まな板シートを切る（大小２枚ずつ）

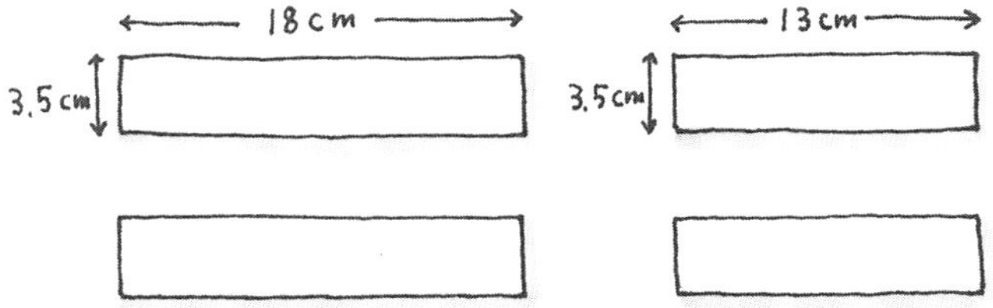

かがみの大きさによって
サイズをあわせてつくってね。

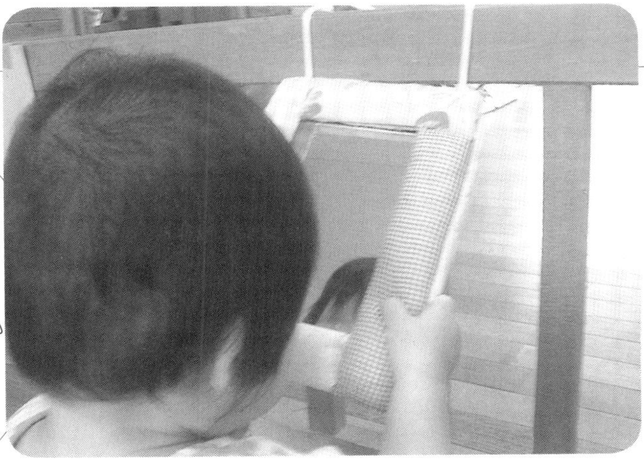

触って、のぞいて…かがみを動かして遊んでいます（11か月）

ひもで結んでいるだけなので、上下に動かせます。かがみを動かすことによって、映る像が変わることを発見。自分の顔をくっつけたりするので、いつも鼻水やよだれがくっついています。ティッシュで汚れをふき、ピカピカ光る輝きが戻ると、また、子どもたちが訪れます。

❷①の大きさにあわせて布を切り、まわりをぐしぬいする

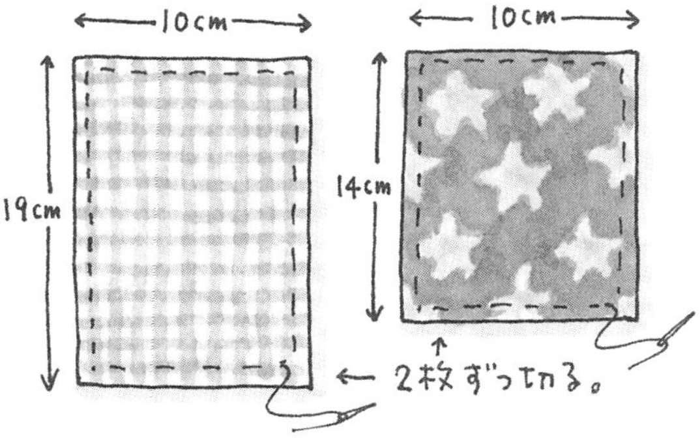

10cm
19cm
10cm
14cm
2枚ずつ切る。

❸②に①とわたをのせて包みこむようにぬう

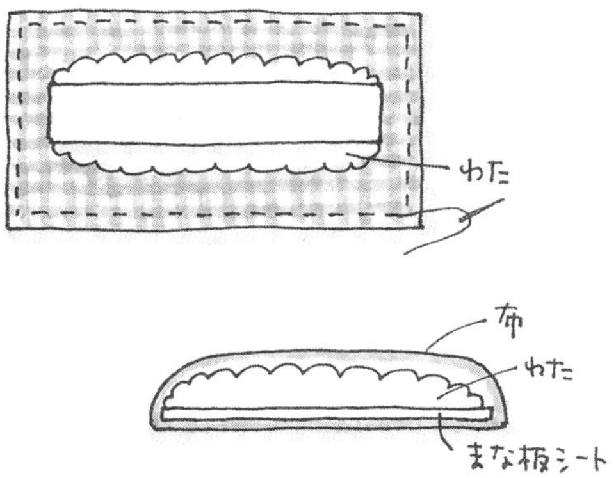

わた
布
わた
まな板シート

❹キルティングの布を切り、かがみをのせて四辺を折りこむ

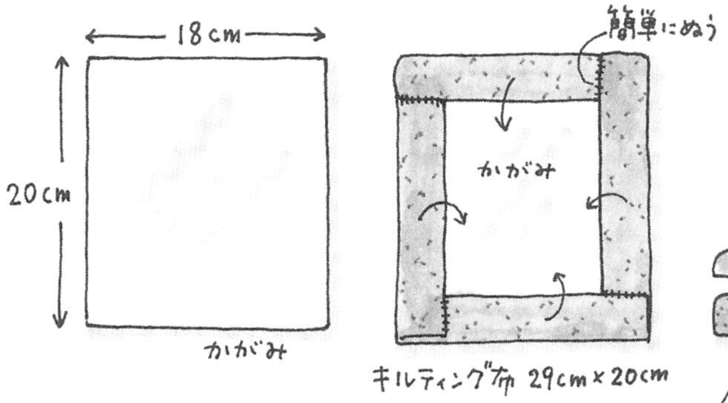

18cm
20cm
かがみ
簡単にぬう
かがみ
キルティング布 29cm×20cm

❺④に③をのせてまわりをしっかりぬいとめる

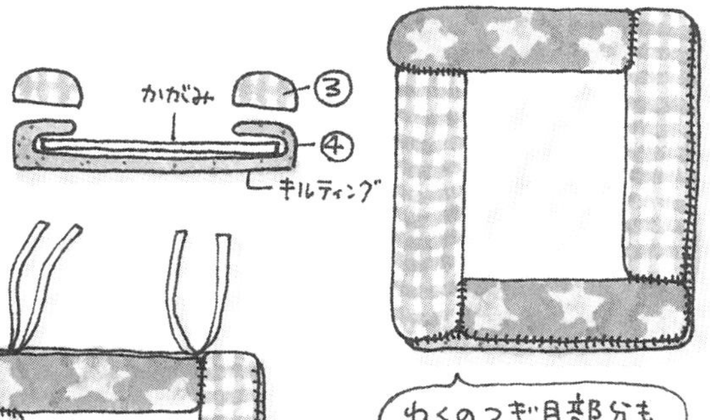

かがみ
③
④
キルティング
わくのつぎ目部分もぬう。

❻布のひもをぬいつけてつるす

かがみをつける場所は子どもたちのようすを見ながら変えていくと楽しいですよ。

うさぎといぬのスルスルボード

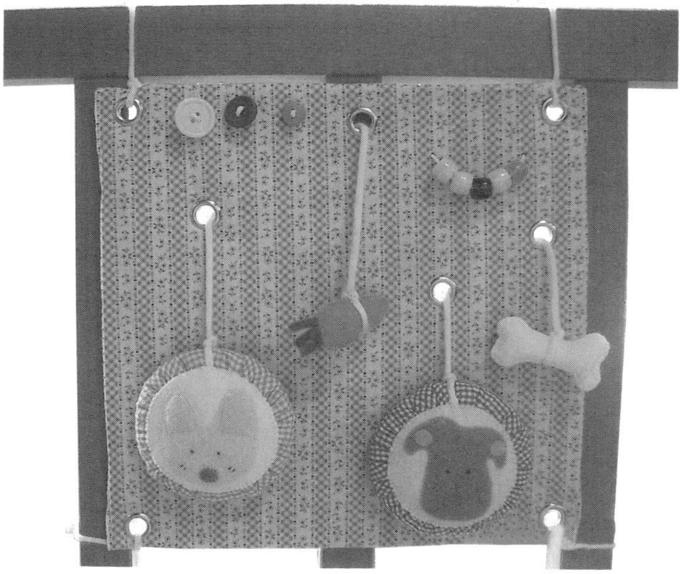

ハイハイができるようになると、いろいろなところへ行き、「これは何かなあ」と触ったり、引っぱったり、出したりするようになります。つかまり立ちができるようになると、ますます探索活動が楽しくなっていきます。

そんな探索が楽しくなるよう、部屋のあちこちにおもちゃをちりばめています。なかでも、壁につけたパッチンボード（P16、17）は大好きで、そこに２～３人集まって遊ぶ姿も。ボードにつけたビーズをつまんで引っぱり「パチン」という音を楽しんでいます。

そこで、触る、つまむだけでなく、もっと楽しくなるボードを、と考えてつくりました。にんじんを引っぱるとうさぎが、ホネを引っぱると犬が動きます。うさぎといぬの顔を押さえると音が鳴るように押笛も入れました。

作り方

材料

- ダンボール
- 布
- はとめ
- フェルト
- ポテトチップスのふた（透明）
- わた
- 押笛
- キルティングの布
- 布のひも
- ボタン
- ビーズ
- ゴム
- ししゅう糸

❶ダンボールに布を貼り、きりで穴を開けてはとめをつける

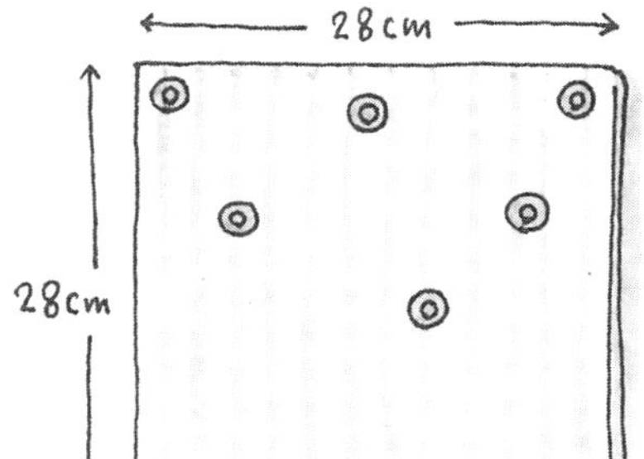

布の貼り方はパッチンボード＆ゆらゆらボードと同じです。

❷フェルトを丸く２枚切り、うさぎと犬のアップリケをつける

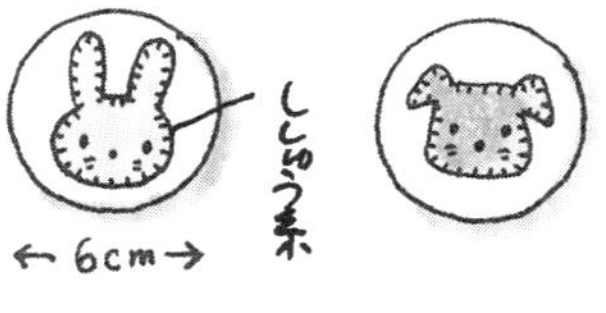

「これ、おもしろいよー」

「引っぱると一方が動く」という仕組みがわかって楽しめるのは、月齢の高い子どもたち。つかまり立ちができたばかりの子は、おもちゃを触るだけで楽しいようす。遊ぶなかでこんな仕組みを発見するのはいつかなあ…と思いながら見るのも楽しいです。

「何かなあ…」触って、引っぱって…

❸ポテトチップスのふたにわたと押笛を入れる

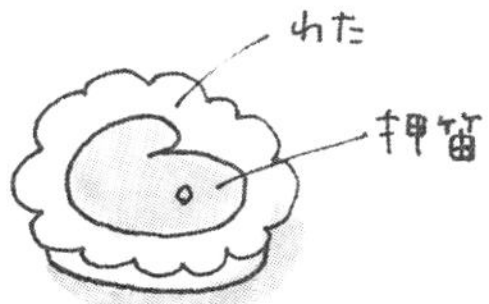
わた
押笛

❹キルティングの布を丸く切り、まわりをぐしぬいし、③を入れてしぼる。これを2つつくる

13cm
40cm

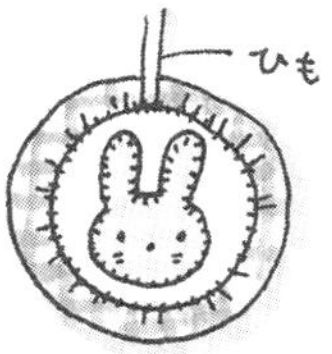
ひも

❺布のひもを切って端を結ぶ

❻②と④に⑤の布のひもをはさみこんでぬいつける

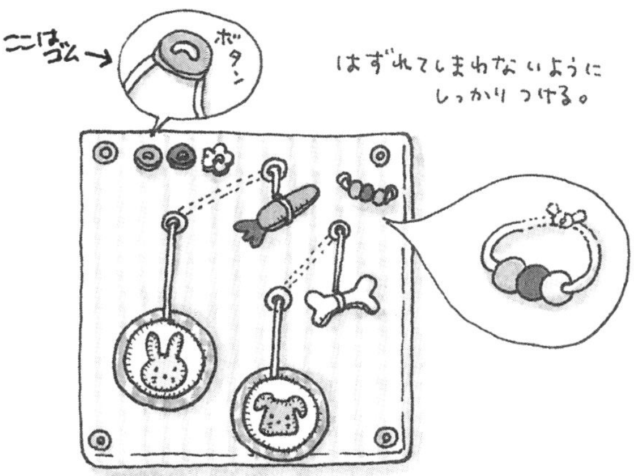
ここはゴム
ボタン
はずれてしまわないように
しっかりつける。

❼フェルトを切ってにんじんとホネをつくる

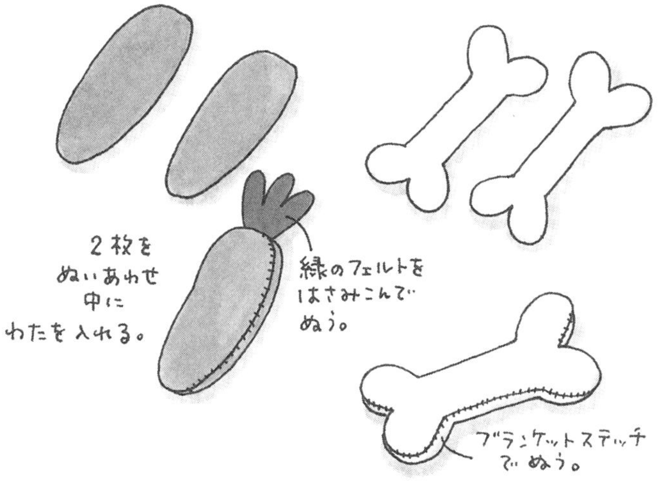
2枚を
ぬいあわせ
中に
わたを入れる。
緑のフェルトを
はさみこんで
ぬう。
ブランケットステッチ
でぬう。

❽ボードの穴に⑥を通し、もう一方に⑦を結んでぬいつける

いぬのいないいないばあ

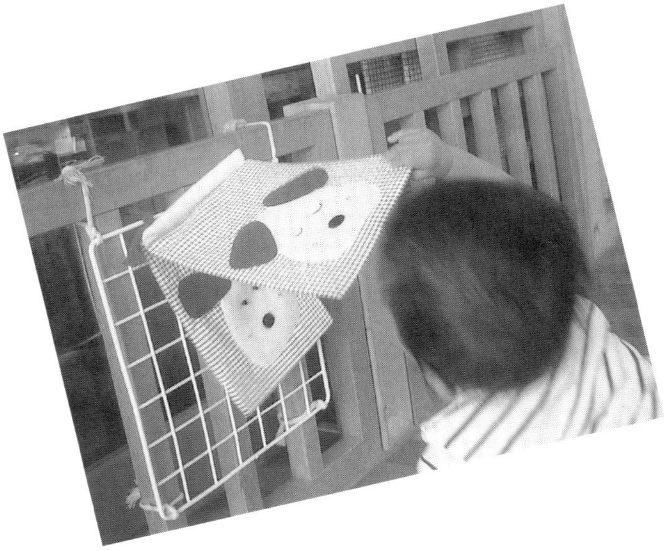

サークル車が入っていたとても大きいダンボールの一辺を切り、「ついたて」の形にしました。部屋にもっていくと、「何か来たぞー」と子どもたちがいっせいに寄ってきました。

ダンボールに隠れて、「バアーッ」と顔を出すと大喜び。ハイハイでやってきて、パンパンたたいたり、中に入りこんだり。そこで、ついたてにのぞける窓をつくりました。窓のところにつかまり立ちをして、切り抜いた窓を押したり、引っぱったり。窓の反対側に友だちや保育者がいると、のぞきこんでは「バアーッ」と遊んでいます。

そんな子どもの姿を見て考えたのが「いぬのいないいないばあ」。パタパタという動きを楽しみながら、大好きないないいないばあも楽しめるように考えてつくりました。

作り方

材料

まな板シート
布
フェルト
ししゅう糸
布のひも

❶まな板シートを２枚切る

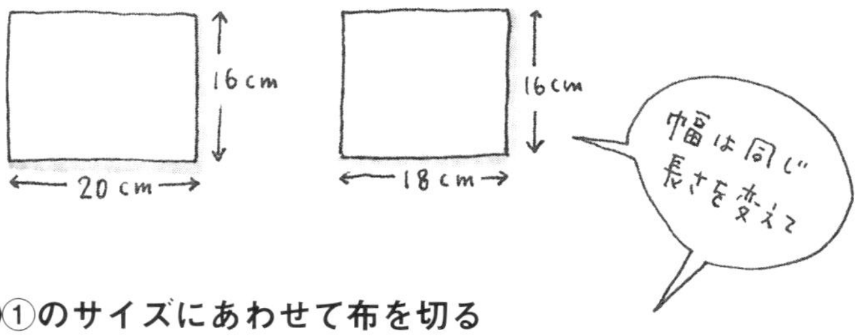
16cm
20cm
16cm
18cm
幅は同じ
長さを変えて

❷①のサイズにあわせて布を切る

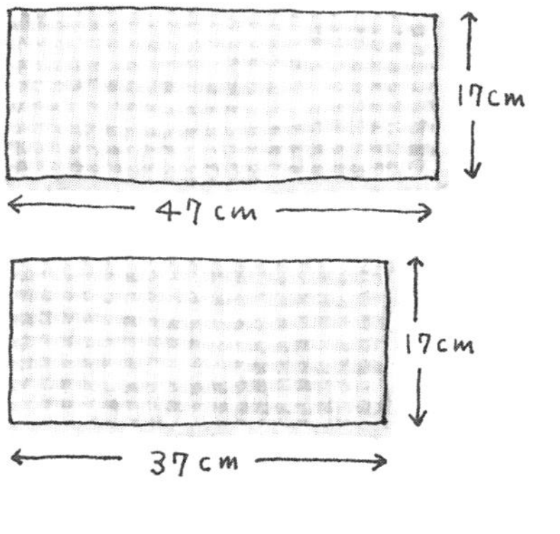
17cm
47cm
17cm
37cm

部屋の柵のところにそーっとつけておくと、すぐに見つけ、動かしています。友だちが遊んでいるのを見て、ほかの子もやってきて2人並んで遊ぶ姿もあります。

「何かな？」何度もめくって楽しみます（1歳1か月）

❸②にアップリケをぬいつける

ししゅう糸
いぬの表情は変化をつけて。

❹③をそれぞれ中表にしてぐしぬいし、袋状にして①を入れる

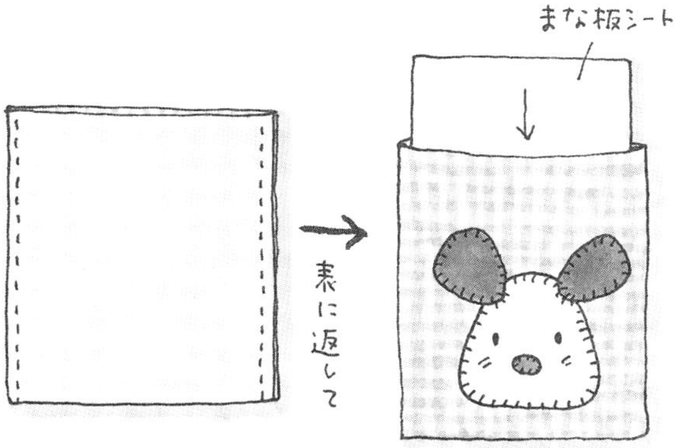
まな板シート
表に返して

❺④の長いほうを前にして重ねてぬいあわせる

❻⑤のぬいあわせたところをフェルトで包むようにしてししゅう糸でぬう

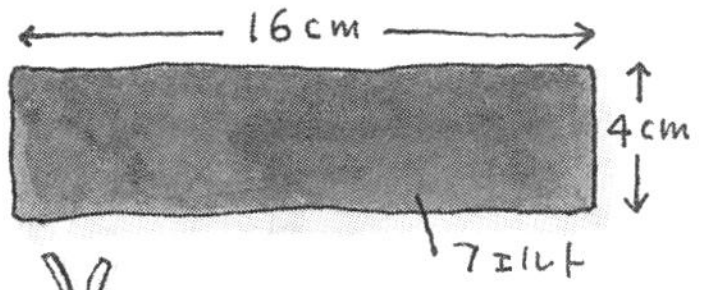
16cm
4cm
フェルト

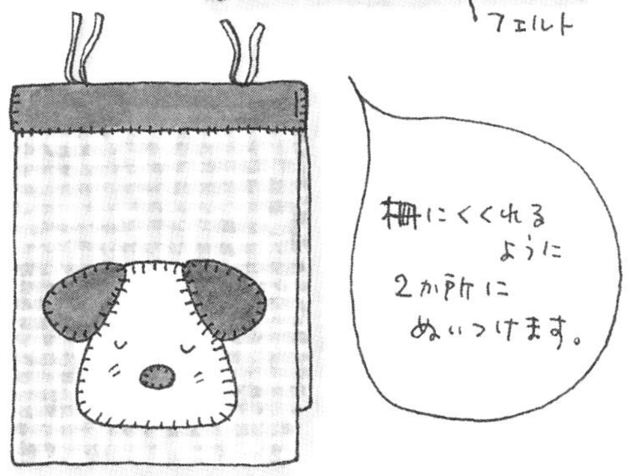
柵にくくれるように2か所にぬいつけます。

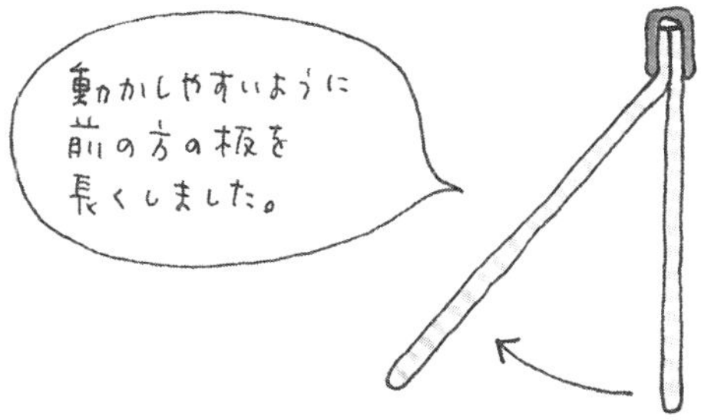
動かしやすいように前の方の板を長くしました。

ちいさないぬのえほん

えほん（表）

子どもたちは、いぬが大好き。散歩に行くと、保育園の隣の家のいぬのさくらちゃんを必ずのぞき、「ワンワンいたね」と言って「おはよう」とあいさつしたり、バイバイしたり。この時期、絵本を少しずつ楽しめるようになります。絵を見たり、お話を聞いたりするのも楽しいけれど、本に「触りたい」気持ちもいっぱい。でも、なかなかうまくページがめくれないことも。そこで、絵本のようにページをめくって楽しめるものをと考えてつくったのが「ちいさないぬのえほん」です。

月齢の低い子どもたちも遊べるように、サイズをちいさめにつくりました。軽くて扱いやすいし、なめても大丈夫。厚みがあるのでページをめくることも楽しめて、何度も繰りかえして遊ぶ姿が見られます。

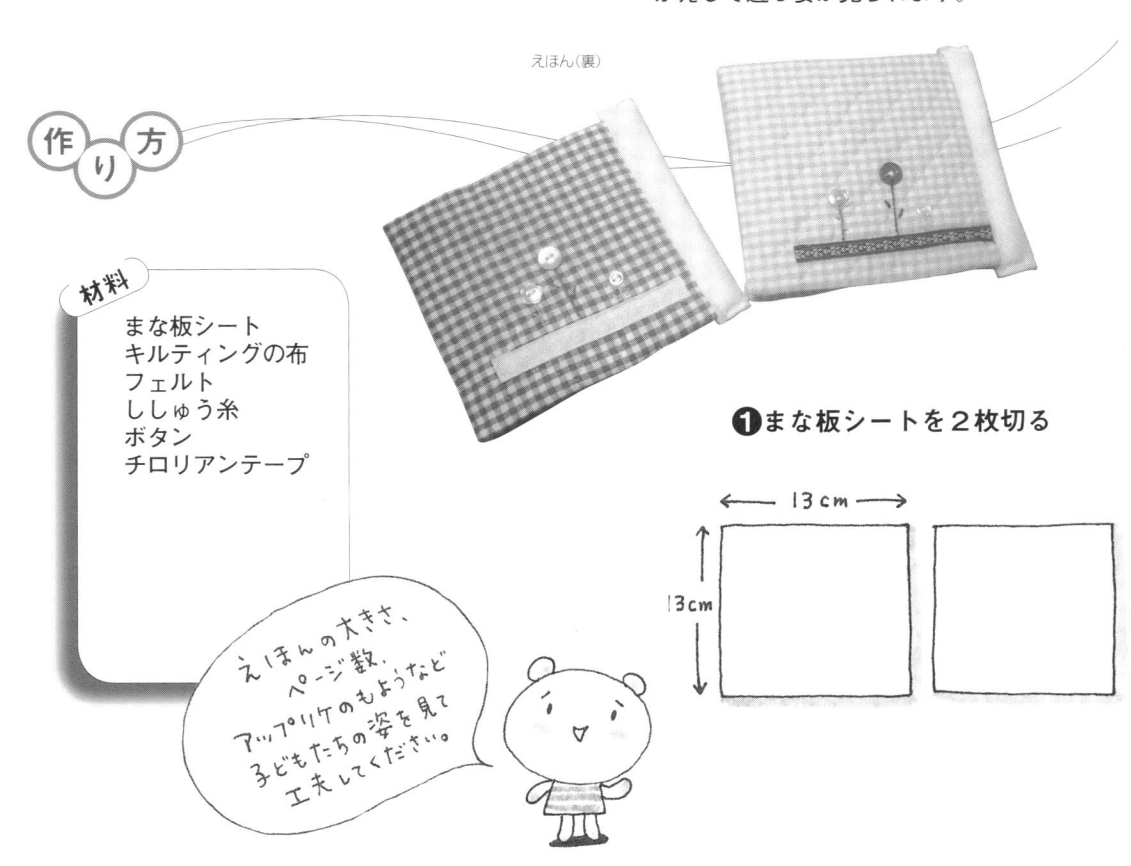

えほん（裏）

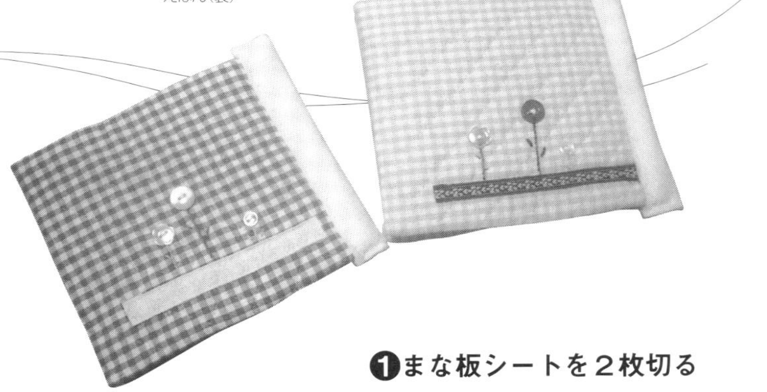

作り方

材料

- まな板シート
- キルティングの布
- フェルト
- ししゅう糸
- ボタン
- チロリアンテープ

えほんの大きさ、
ページ数、
アップリケのもようなど
子どもたちの姿を見て
工夫してください。

❶まな板シートを２枚切る

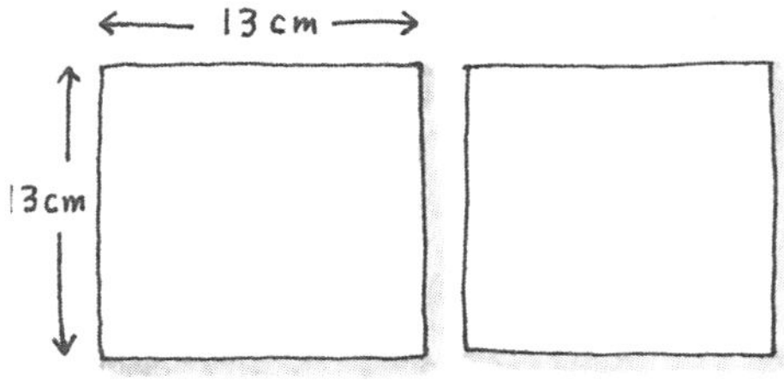

13cm
13cm

見開きのページでは、りんごやみかんなど食べものをアップリケしました。少し大きくなると、「マンマやね」とモグモグと食べるまねをしたり、アップリケのいぬに食べさせてあげる姿が見られます。

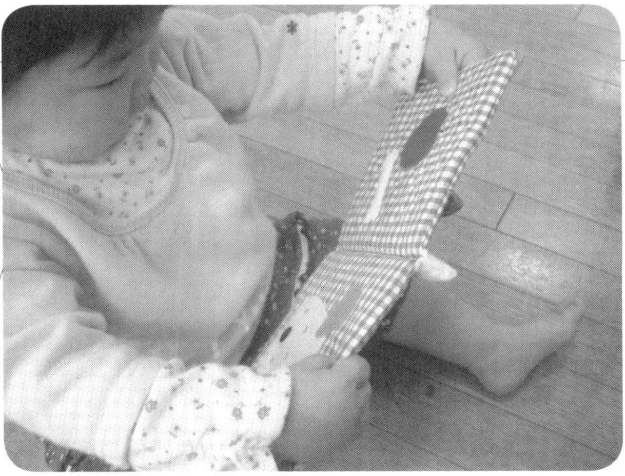

「ワンワンいたよー」
何度も触って見ています
（1歳3か月）

❷キルティングの布を2枚切り、アップリケをつけ、チロリアンテープをぬいつける

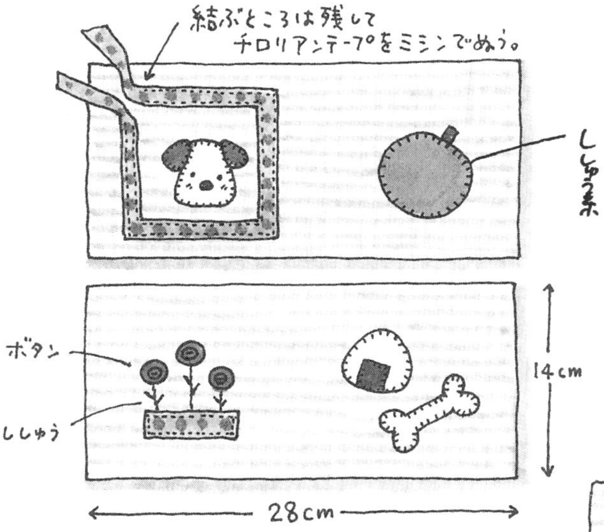
結ぶところは残して
チロリアンテープをミシンでぬう。
ししゅう糸
ボタン
ししゅう
14cm
28cm

❸②を中表にして袋状にし、①を入れる

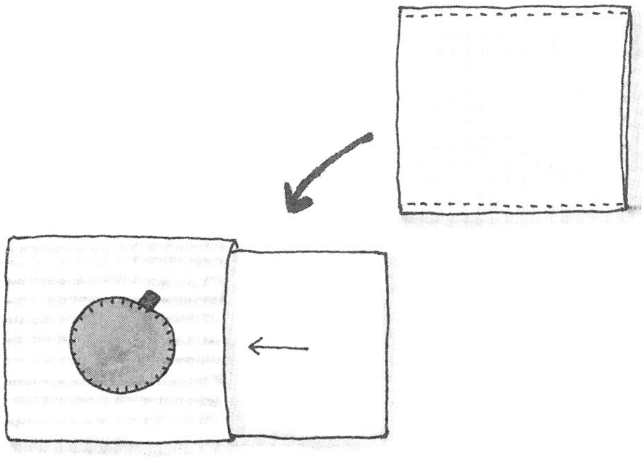

❹③を2つぬいあわせる

結ぶ

❺ぬいあわせたところをフェルトで包むようにして、ししゅう糸でステッチ風にぬう

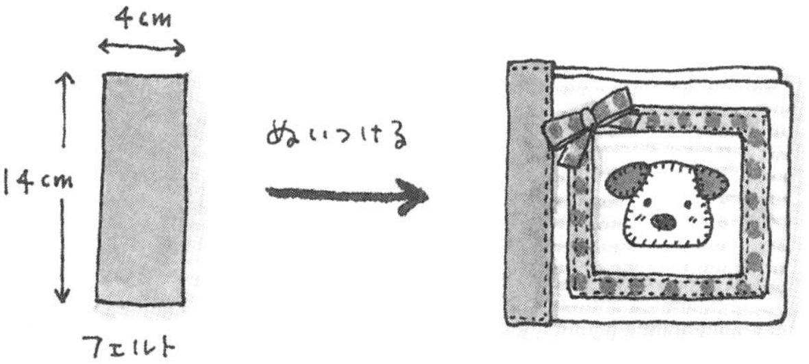
4cm
14cm
ぬいつける
フェルト

ハーモニカトンネル

ある年のゼロ歳児クラスの生活発表会で、ダンボールで遊ぶ取りくみをしました。まず、たくさんのダンボールを用意し、子どもたちがどんなふうに遊ぶのかを見ました。ペシャンコのダンボールの上に乗ったり、パンパンたたいたり、押してシューッとすべらせたり。すると、ダンボールが開くことを発見。開いたダンボールを支えてあげると、くぐるのが楽しくてあちこちで遊び始めました。

そんな「ダンボールのトンネルをくぐりたい」という思いを満足させてあげたいと考えてつくったのが「ハーモニカトンネル」です。おもしろいのは、トンネルができたり、なくなったりするところ。みんなでいろんな方向から出たり入ったりを、いっぱい楽しんで遊んでいます。

作り方

材料

- ダンボール
- 布
- 布のテープ
- 透ける布
- ガムテープ
- フェルト
- マジックテープ
  - ダンボール用
    ↑シールのついたもの
  - 布用
    ↑ぬいつけるもの

❶同じ大きさのダンボールを用意し、まわりに布を貼る

だいたい同じくらいの大きさのダンボールを用意してね。
布を貼らずに そのまま つなげても いいよ。

乗ったり、
降りたりも
楽しいよ

いくつもつなげると、いっぱいトンネルがつくれます。トンネルをつなげた状態を見るとハーモニカのように見えるので、この名前がつきました。トンネルがなくなっても、上に乗ったり、降りたり、そりのようにひっぱってもらったり、上に座って手遊びや歌ったりもできます。

「あっ、見つけた」「いっしょに遊ぼう」
友だちといっしょに楽しめます
（11か月と１歳２か月）

❷①をガムテープでつなげ、上にマジックテープを貼る

❸透ける布を２枚切り、３つ折にしてまわりをぬう

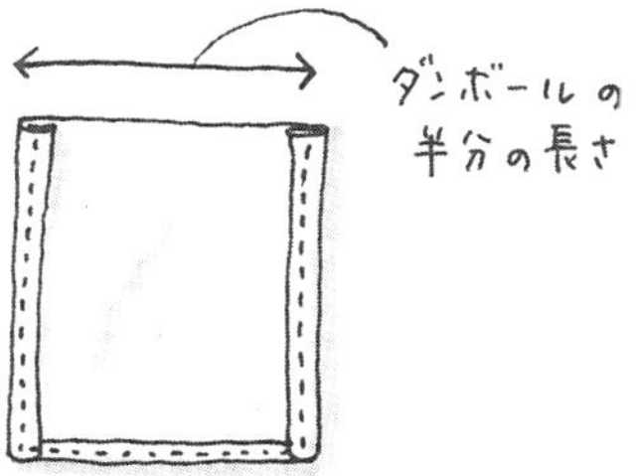
ダンボールの
半分の長さ

❹③を２枚ずつ布のテープにぬいつけ、マジックテープをつける

マジックテープ
いろいろなところに
つけておくと、
カーテンを つけかえ
られます。
ワッペン
カーテンがあると
通れない子が
いるので、1つは
カーテンをつけて
いません。
トンネルがなくなる!?
のも おもしろいです。
ぺたんこに
つぶれるよ！

板状カーテンも楽しいよ。

袋状に布をぬい、中にまな板シートを入れます。
カーテンとカーテンの間を少し開けると隙間からのぞけます。

バイアステープや布のひも（ビー玉の袋をつける）にしたり、長さや幅を変えても楽しいです。

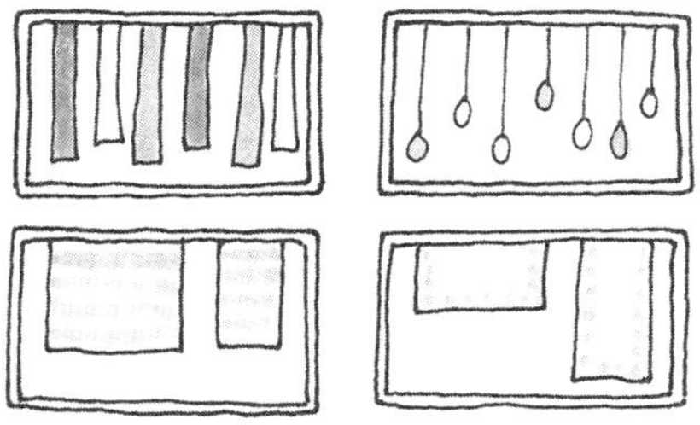

バイアスカーテン

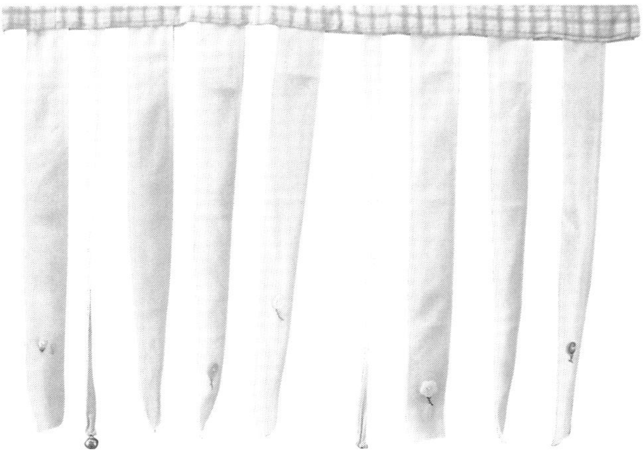

子どもたちは、狭いところが好きです。上野芝陽だまり保育園のベッドは、おむつを替えたりするときに保育者が腰を痛めないように足の部分が高くなっています。そして、そのベッドの下の空間は子どもたちの格好の遊び場！　ハイハイができるようになると、のぞきこんだり、中でしばらく遊んでから出てきたりするので、「ここにカーテンをつけると、もっと楽しい空間になるなあ」と考えました。少し子どもたちが大きくなり、「カーテンも楽しいけどちょっと目隠しになるようなものもいいなあ」と思い、考えついたのが「バイアスカーテン」です。

子どもたちがカーテンごしに顔をのぞかせてみたり、なかよく座っていたり、うんと共感できる場所となっています。

作り方

材料

バイアステープ
（4.5cm 幅のものと
　普通サイズのもの
　数本）
ボタン
ししゅう糸
鈴
布
つっぱり棒

❶幅4.5cm のバイアステープにボタンとししゅう糸でお花をつける

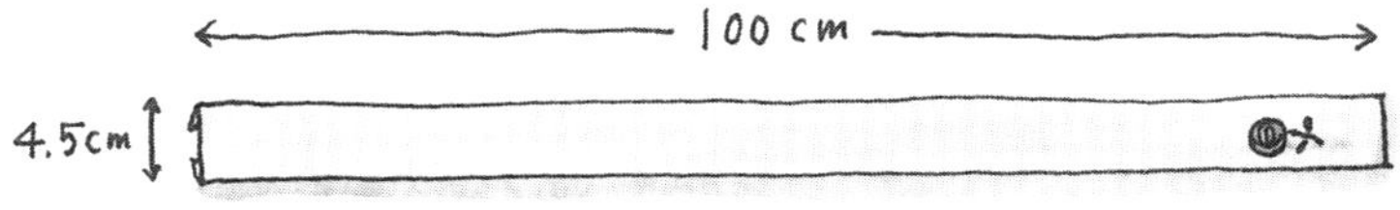

❷①のバイアステープを2つに折って重ね、まわりをミシンでぬう

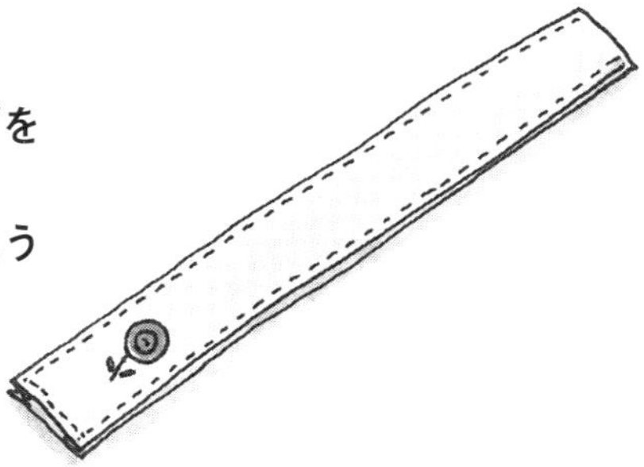

カーテンの鈴も気になります
みんなが大好きな場所です

ベッドの下に取りつけると、ピカピカ光る鈴に興味いっぱい。１人が見つけて入ると、それを見てまた入り、今では、３～４人が入りこんでカーテンの隙間からこちらを見てニコニコ。のれんのように手で払いのける子もいます。

中からバアーッ
入ったり出たりを楽しみます

**❸普通サイズのバイアステープを
２つに折って重ね、
まわりをぬって鈴をつける**

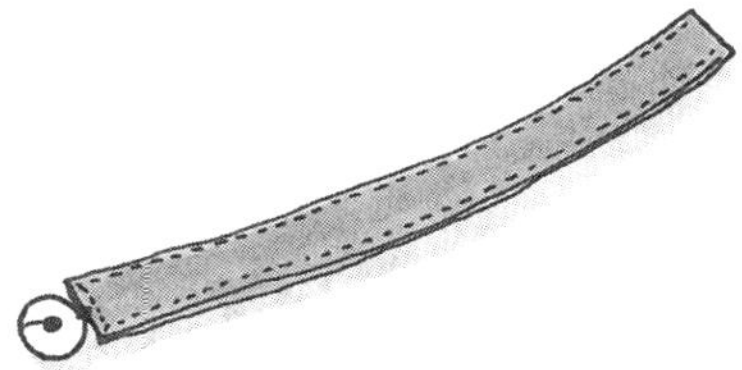

バイアスを切って
まわりを ぬうだけで
とても かんたん。

**❹布を切ってまわりを折り込んでぬい、
②と③のバイアステープをぬいつける**

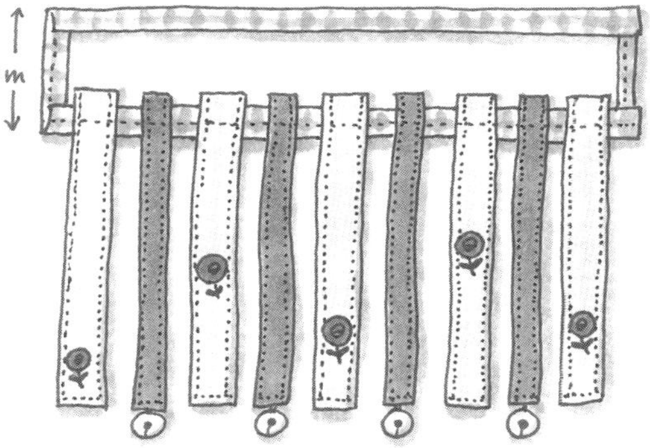
20cm

❺布をつっぱり棒が入るように輪の状態で布をぬう

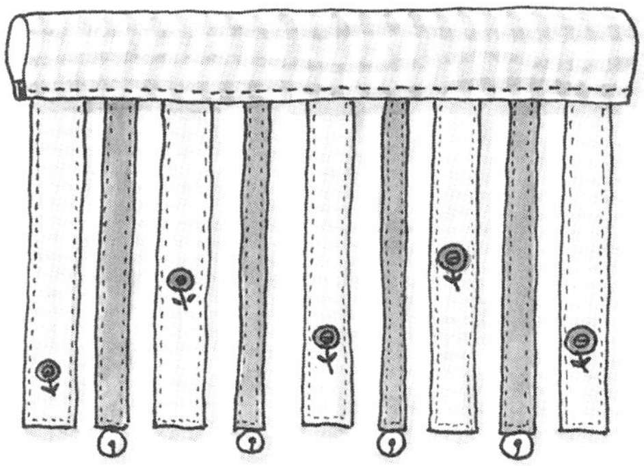

❻⑤につっぱり棒をとおす

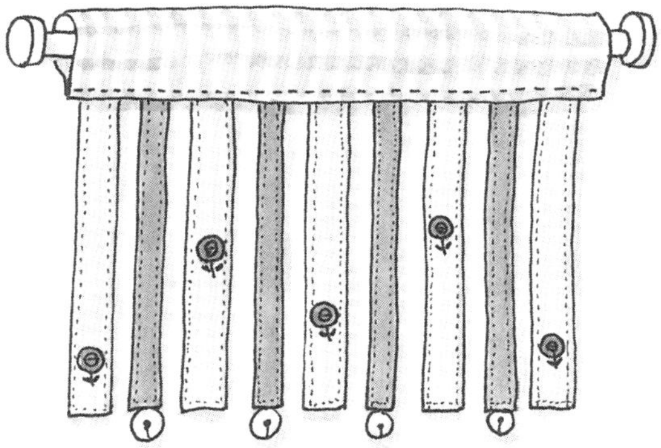

カチャカチャボード

数人の子どもたちが集まっているので、「何してるのかな？」とのぞきこむと、ちいさな木のおもちゃを引っぱりとりあっていました。「どんなところが楽しいのかなあ」と見ていると、木の玉を引っぱったり、押したりして遊んでいました。出っぱったりへこんだりする動きがおもしろいようです。

そこで、「カチャカチャボード」をつくりました。

ウッドビーズをつまんで引っぱると、ビーズがちょうどはとめのところに当たり、「カチャッカチャッ」と心地よい音が響きます。一方を引っぱると音がするので、ひっくり返して裏面を見る子も。持って振ると、ウッドビーズが板のところにあたり、にぎやかな音がするのも楽しいようです。

作り方

材料

- 布
- フェルト
- まな板シート
- 布のひも
- はとめ
- ウッドビーズ

❶まな板シートを丸く切り、パンチで穴を開ける

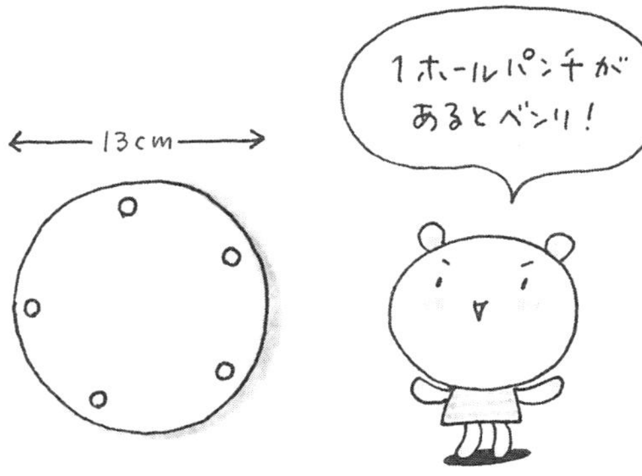
13cm
1ホールパンチがあるとベンリ！

ウッドビーズも
じょうずにつまんで
引っぱって楽しみます
（ちょうど１歳）

１歳過ぎの子どもたちは、自分が発見したものを指さして、教えてくれるようになってきました。今は、何を見ても「ワンワン　ワンワン」です。カチャカチャボードにアップリケしたくまとうさぎも「ここについているよー」と何度も教えてくれます。

「ワンワン」と指さして教えてくれます
ボードのアップリケもよく見ています
（１歳と少し）

❷布とフェルトを丸く切り、アップリケをぬいつける

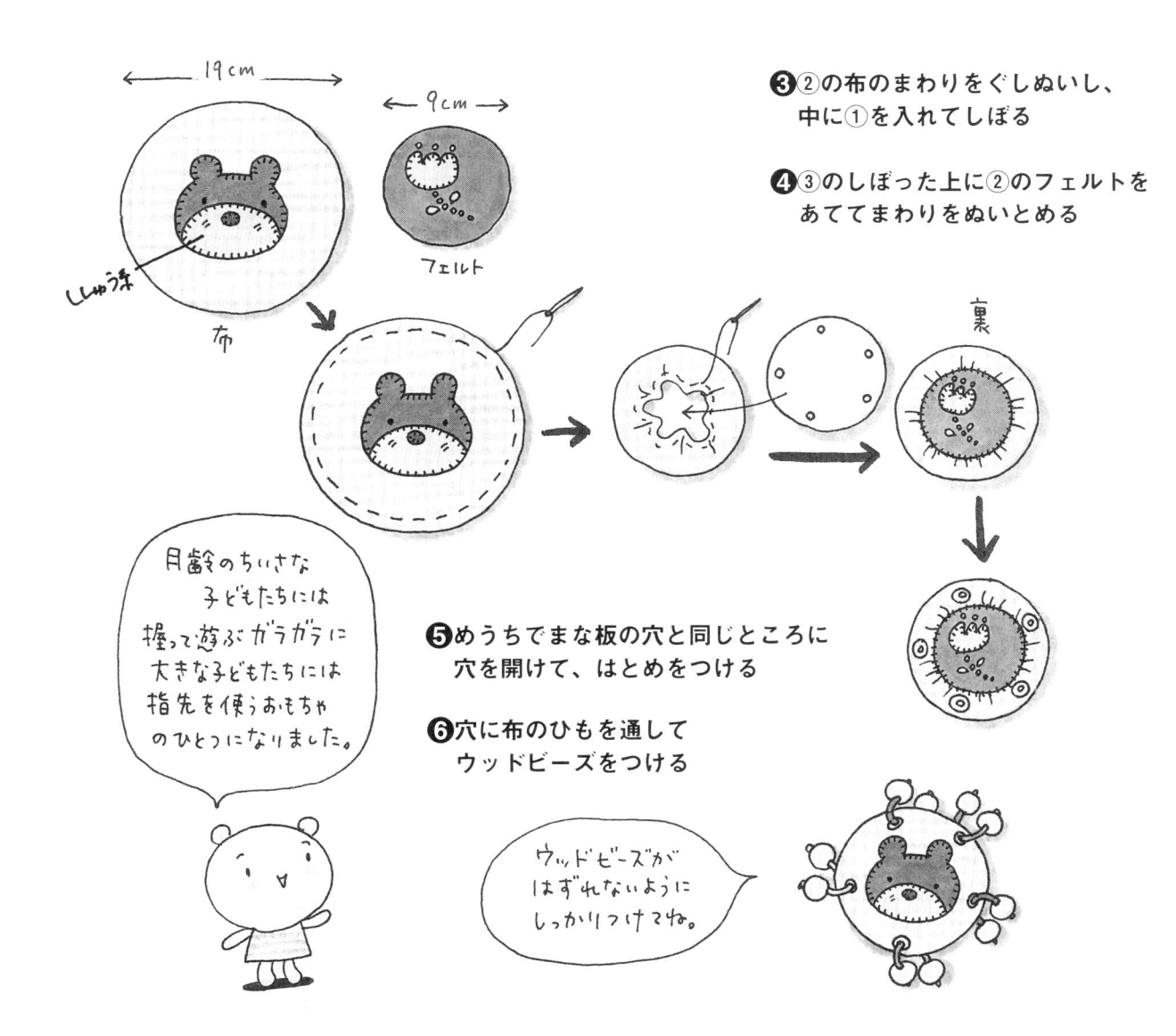

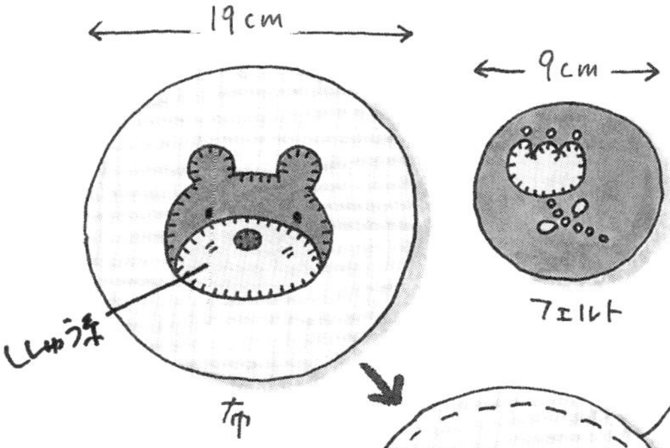
19cm
9cm
フェルト
ししゅう糸
布

❸②の布のまわりをぐしぬいし、中に①を入れてしぼる

❹③のしぼった上に②のフェルトをあててまわりをぬいとめる

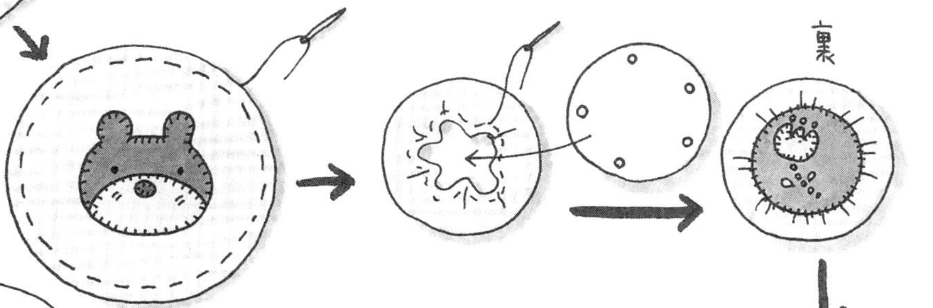
裏

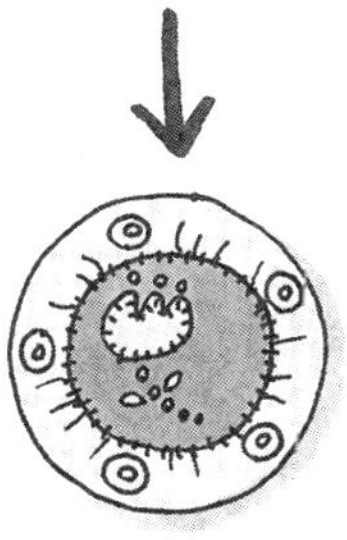

❺めうちでまな板の穴と同じところに穴を開けて、はとめをつける

❻穴に布のひもを通してウッドビーズをつける

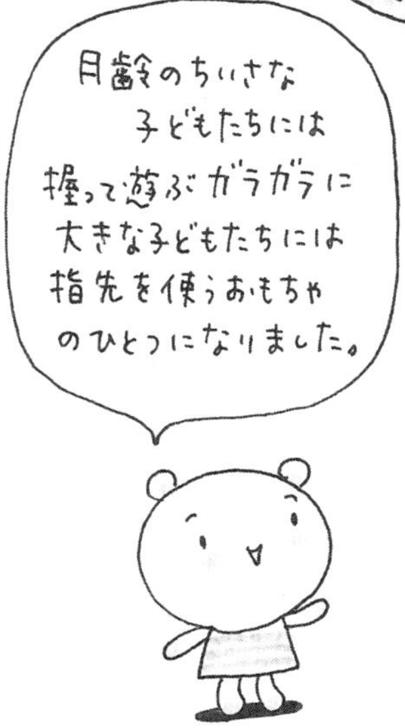
月齢のちいさな
子どもたちには
握って遊ぶガラガラに
大きな子どもたちには
指先を使うおもちゃ
のひとつになりました。

ウッドビーズが
はずれないように
しっかりつけてね。

ビリビリボード

つかまり立ちができるようになるころ、部屋に常設をしていた「りんごの木」のおもちゃ。キルティングの布の上に木の形の布のアップリケをし、マジックテープをちりばめています。そこに、りんごの実をつけて遊びます。でも、木と実のマジックテープ同士をあわせてくっつけるのがむずかしいようでした。

そんなとき見つけたのが大きな幅のマジックテープシート。くっつけるものは、ペットボトルのふたを２つあわせたもの。「触ってみたい！」と思えるように、一つひとつにちいさなアップリケもつけました。最初は、握って取ったりつけたり…の子どもたちでしたが、月齢が高くなると「つまむ」ということができ、人差し指や親指の指先に力を入れて遊べるようになりました。

作り方

材料

布
タオル地の布
フェルト
はとめ
ペットボトルのふた
まな板シート
マジックテープのシート
マジックテープ(小)
布のひも

❶タオル地の布を切り、マジックテープのシートを包む

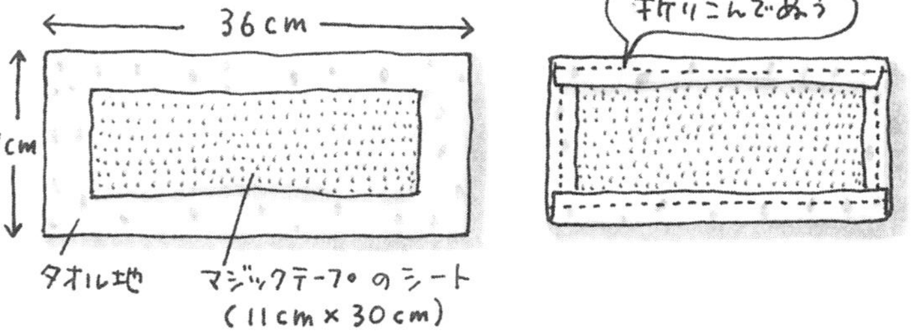
36cm
17cm
タオル地
マジックテープのシート
(11cm×30cm)
折りこんでぬう

❷まな板シートを切り、パンチで４隅に穴を開ける

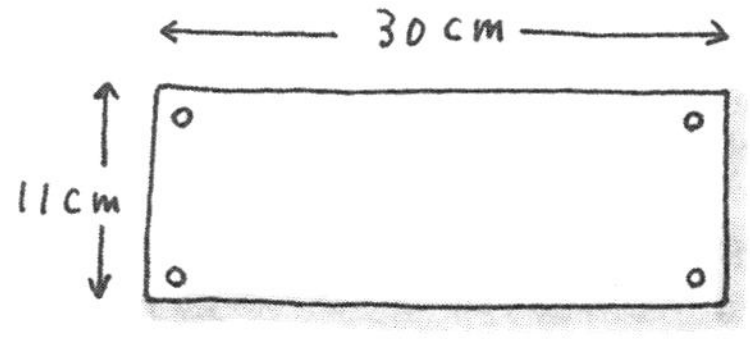
30cm
11cm

ペットボトルのふたはコロコロと転がるので、ハイハイの子どもたちのおもちゃにもなります。転がるのを追いかけ、つかんではながめたり、なめたり。歩けるようになると、あちこちに持っていき、おもちゃ箱の中に入れたり、すき間にポトーンとおとして行方不明になることも。

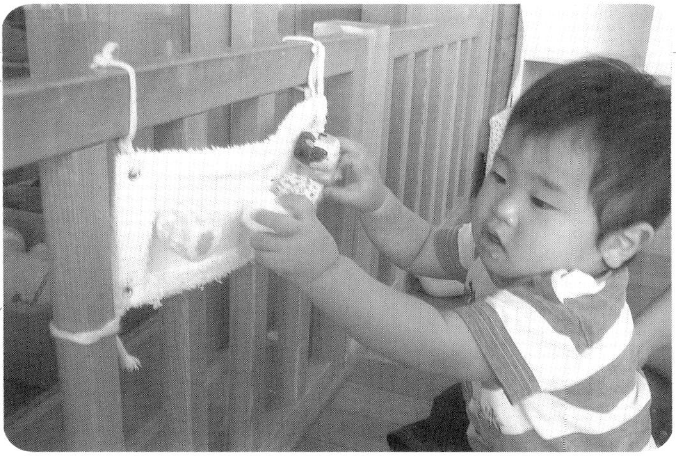

ここにもあそこにも…今はビリビリとるのが楽しいなあ〜（1歳1か月）

おもしろそう…
1人が遊んでいると
友だちも集まってきて、
押しあいへしあいに
なることも

❸布を切り、②を包んで折る

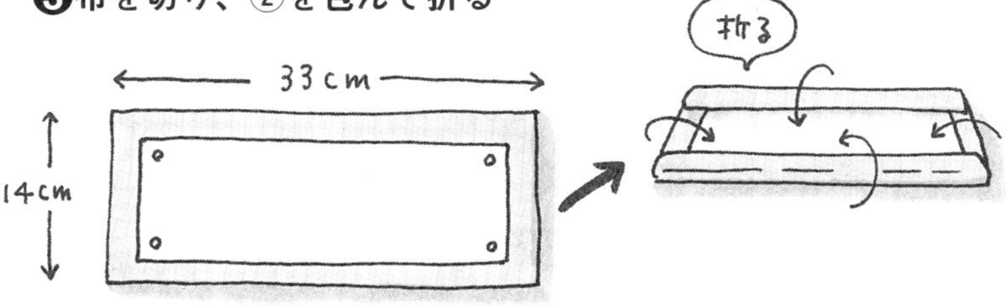
33cm
14cm
折る

❹③の上に①をのせ、まわりをぬいとめる

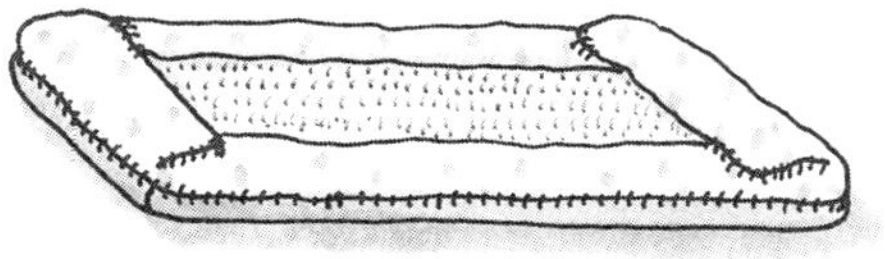

❺まな板の穴にあわせて④の４隅に穴を開け、はとめをつけて布のひもをとおす

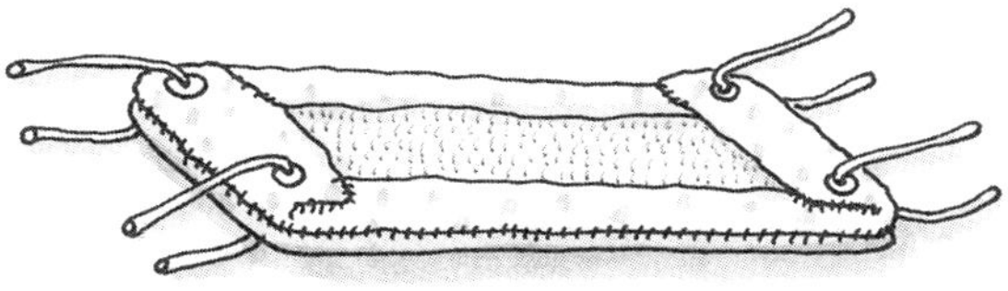

❻布を丸く切り、一方にアップリケをつけたフェルトを、もう一方にマジックテープをぬいつける

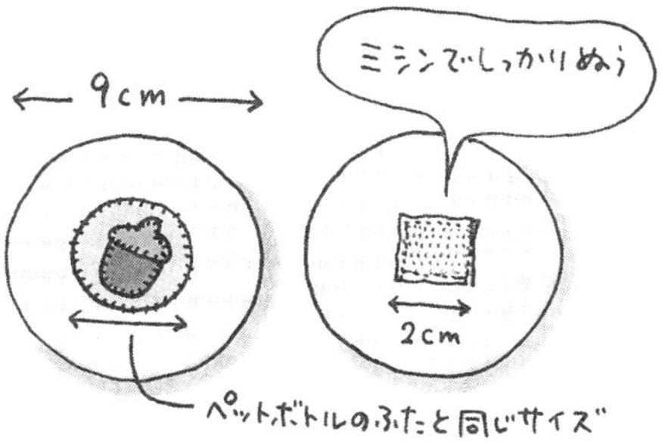
9cm
ミシンでしっかりぬう
2cm
ペットボトルのふたと同じサイズ

❼⑥の布のまわりをぐしぬいし、それぞれペットボトルのふたを包んでしばってとめる

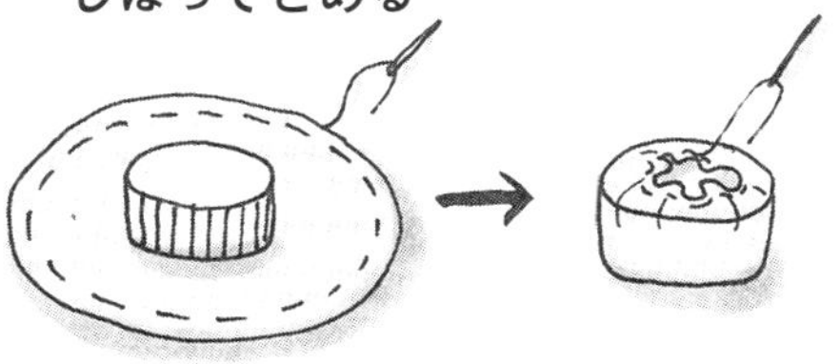

❽⑦をあわせてぬう

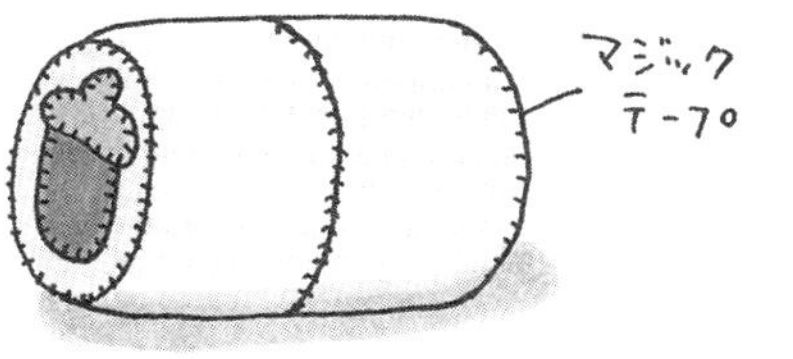
マジックテープ

まがりんぼう

1歳になると、手首を回転させようとしはじめます。親指と人差し指を向かいあわせにして、ものをつまんだり、引っぱったり。しなやかな手指をめざして、1日1回は手指を使う遊びを取りいれています。もっとこの時間に楽しめるおもちゃはないか…と考えてつくったのが「まがりんぼう」です。

おもちゃの中心には細い針金を入れています。針金はまわりにカバーがついているものを使い、重さややわらかさも考えました。また、使いこんでいくうちに針金が出てこないように、両端は布を重ねて丈夫にぬいました。

1歳児は、おもちゃやものに関わって、みたて・つもりの世界をうんと楽しむとき。まがりんぼうも生活再現遊びのおもちゃになるといいなあと思っています。

作り方

材料

カバーつきの針金
布

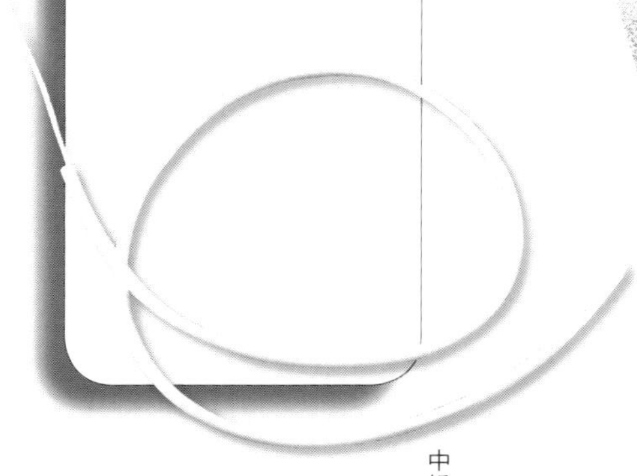

中に入っている針金

つなげられるように
さまざまな長さの
ものをつくりました。
なが一い
1本だけでも
形が変えられる
のでおもしろいよ。

少し力を加えると、自由にいろいろな形に曲がります。子どもたちはまだうまく輪の形にはできないけど、2つに折ったり、開いたり、まあるくして頭にのせてみたり、腕に通してみたり。いくつもいくつもかばんのように、腕に通して遊ぶのも楽しいようです。

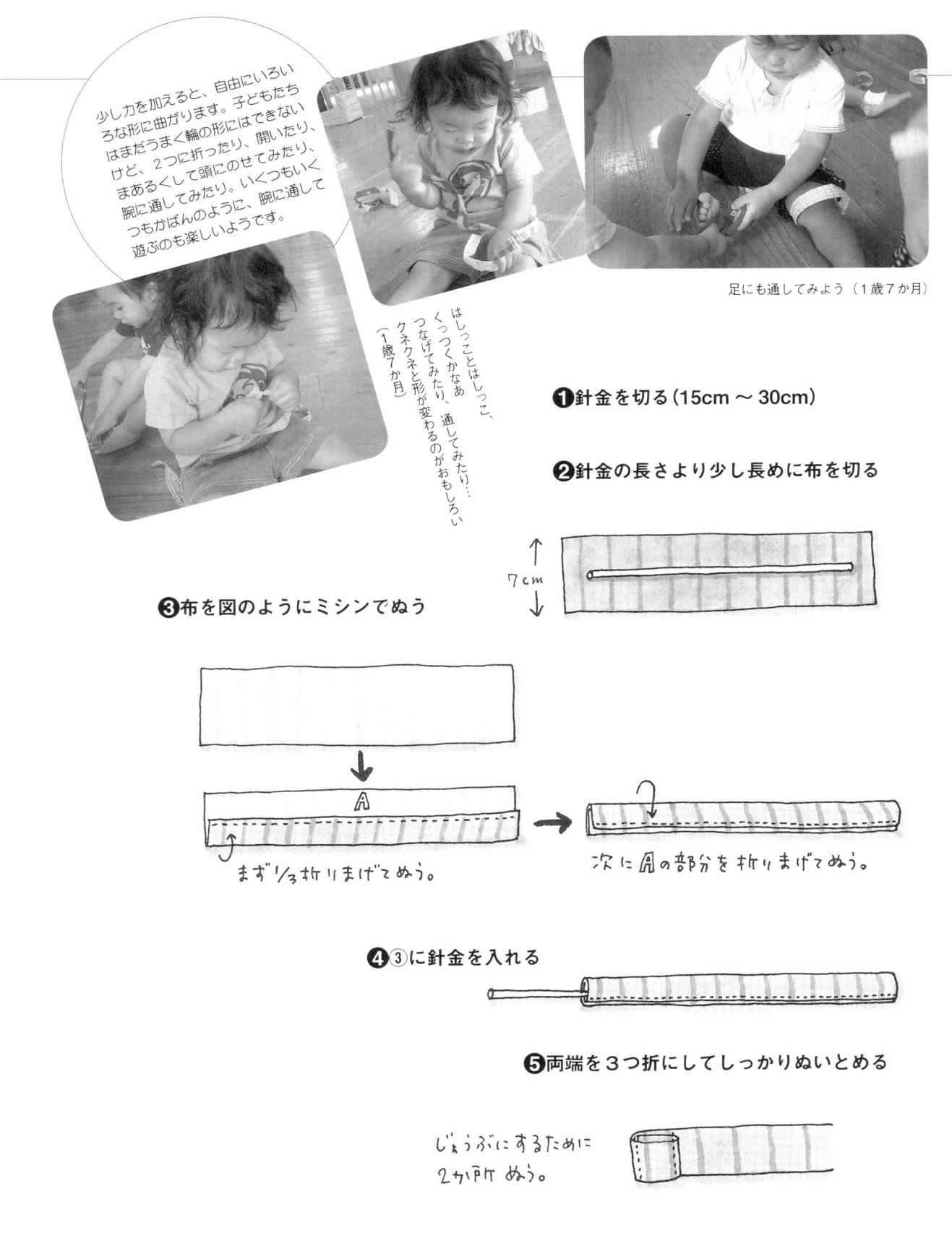

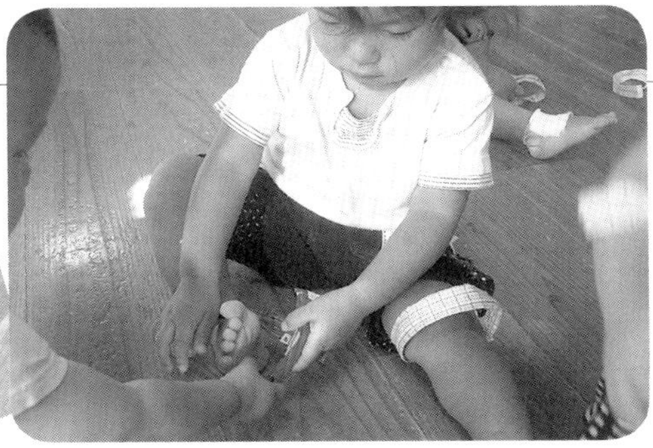

足にも通してみよう（1歳7か月）

はしっことはしっこ、
くっつくかなぁ
つなげてみたり、通してみたり…
クネクネと形が変わるのがおもしろい
（1歳7か月）

❶針金を切る（15cm ～ 30cm）

❷針金の長さより少し長めに布を切る

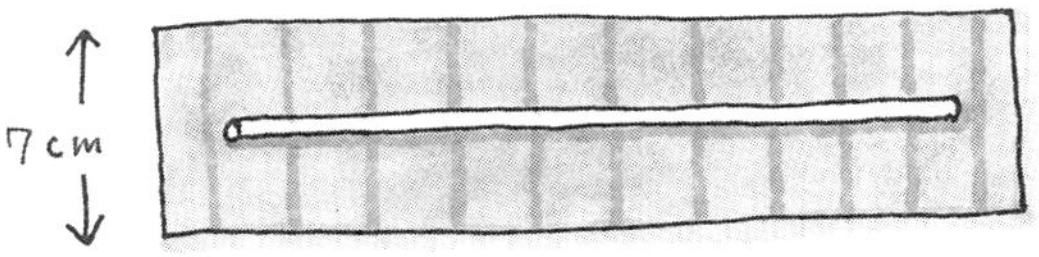
7cm

❸布を図のようにミシンでぬう

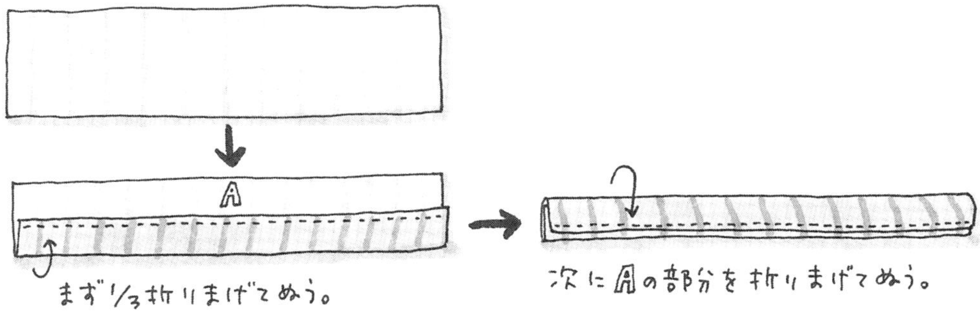
A
まず1/3折りまげてぬう。
次にAの部分を折りまげてぬう。

❹③に針金を入れる

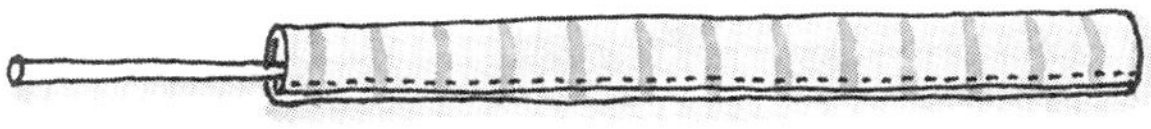

❺両端を３つ折にしてしっかりぬいとめる

じょうぶにするために
2か所 ぬう。

ひもとおしえほん

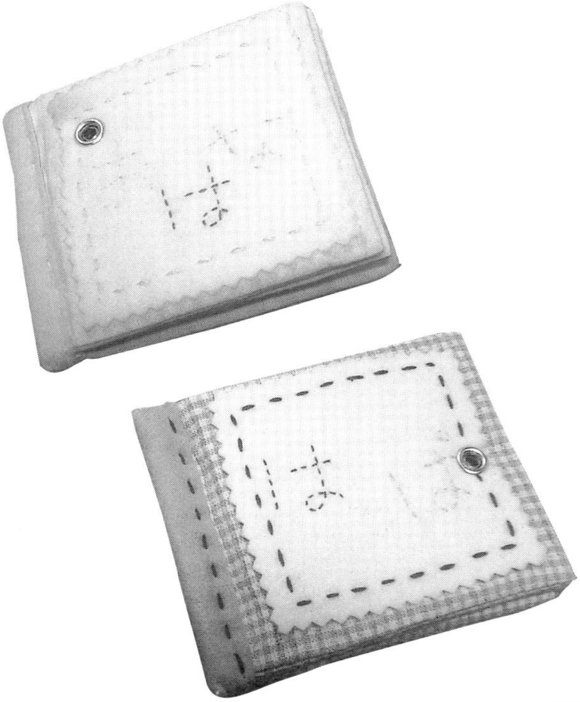

堺市では年に一度、小学校を借りて「地域の遊ぼう会」を開催します。子育て支援センター、保健所、保育園、自治会、民生委員など、ボランティアの手を借りて行われます。ままごと、絵本、人形などが持ち寄られ、手づくりおもちゃのコーナーも設置。子どもたちは最初、市販のままごとなどのおもちゃに興味を示していましたが、少し時間がたつと手づくりおもちゃのコーナーへ。フィルムケースのガラガラや、フェルトでつくったひもとおしなどでじっくりと遊んでいました。

そんな手づくりおもちゃの中に手のひらにのるちいさな絵本がありました。ページをめくるのも楽しいし、穴にひもを通すこともできます。そこからヒントをもらい、「ひもとおしえほん」をつくってみました。

作り方

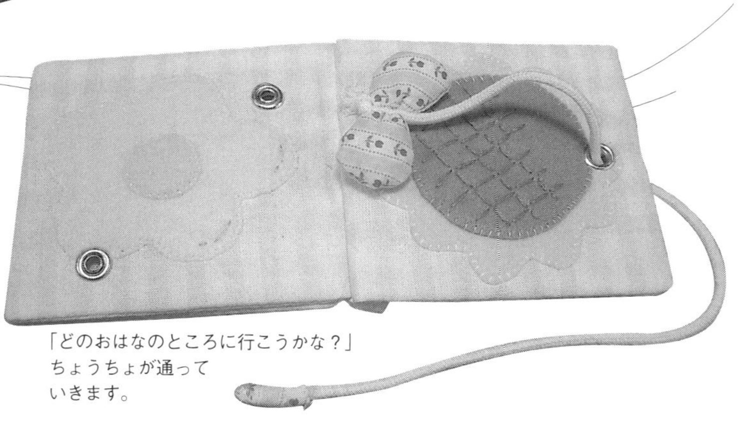

「どのおはなのところに行こうかな？」
ちょうちょが通っていきます。

材料

- まな板シート
- 布
- フェルト
- ししゅう糸
- はとめ
- 布のひも

❶まな板シートを切って３枚に分け、パンチで穴を開ける

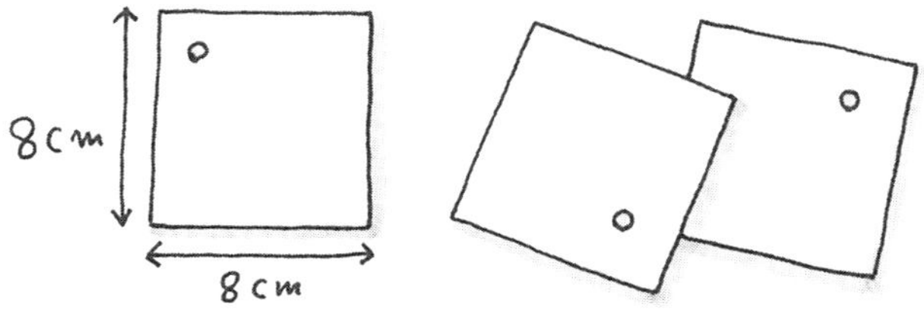

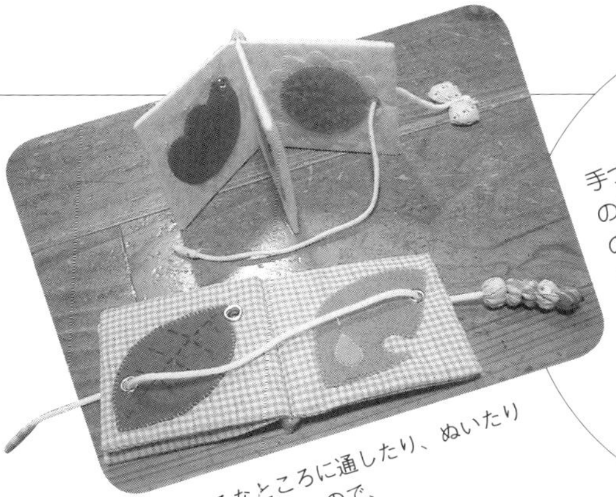

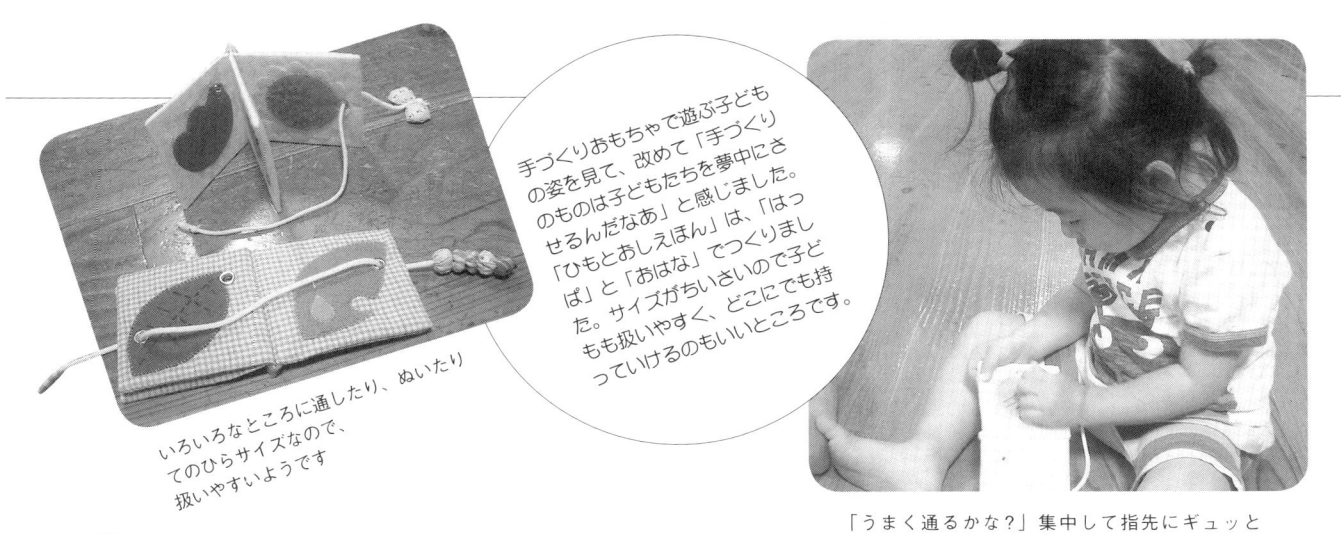

いろいろなところに通したり、ぬいたり
てのひらサイズなので、
扱いやすいようです

手づくりおもちゃで遊ぶ子どもの姿を見て、改めて「手づくりのものは子どもたちを夢中にさせるんだなあ」と感じました。「ひもとおしえほん」は、「はっぱ」と「おはな」でつくりました。サイズがちいさいので子どもも扱いやすく、どこにでも持っていけるのもいいところです。

「うまく通るかな？」集中して指先にギュッと
力を入れて通しています（もうすぐ2歳）

❷布を３枚
①の板をくるめる大きさに切り、
アップリケをつけてししゅうをする

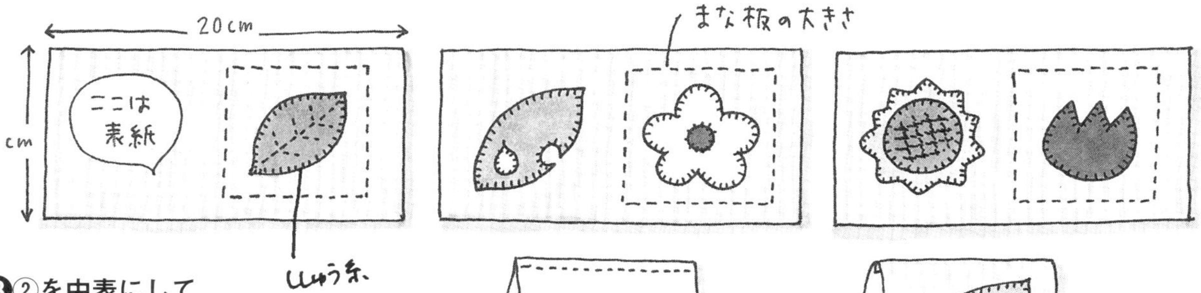

20cm
9cm
ここは
表紙
まな板の大きさ
ししゅう糸

❸②を中表にして
端をぬい、袋状にする

❹③に①のまな板シートを入れ、
まな板シートの穴にあわせて
布にも穴を開け、
はとめをつける

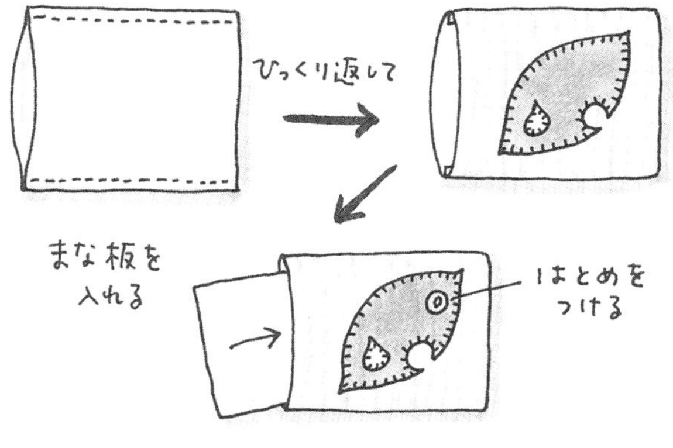

ひっくり返して
まな板を
入れる
はとめを
つける

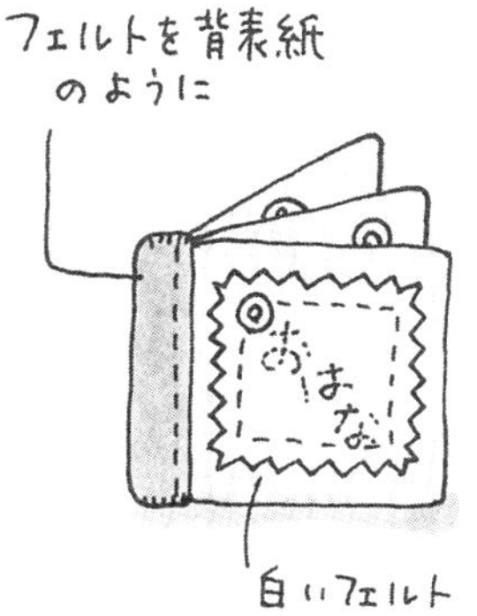

フェルトを背表紙
のように
おはな
白いフェルト

❺④の３枚の端をフェルトで包んでぬう

❻フェルトにえほんのタイトルをつけて表紙にぬいつける

❼布のひもの端の一方を布で包み、もう一方の端に
ちょうちょや青虫をつける

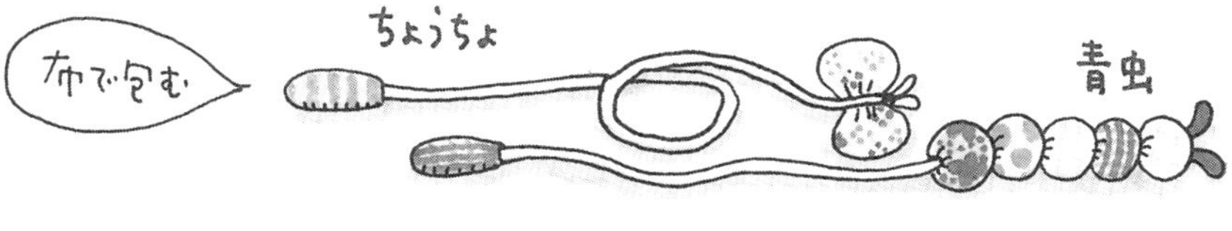

布で包む
ちょうちょ
青虫

うずまきビリビリ

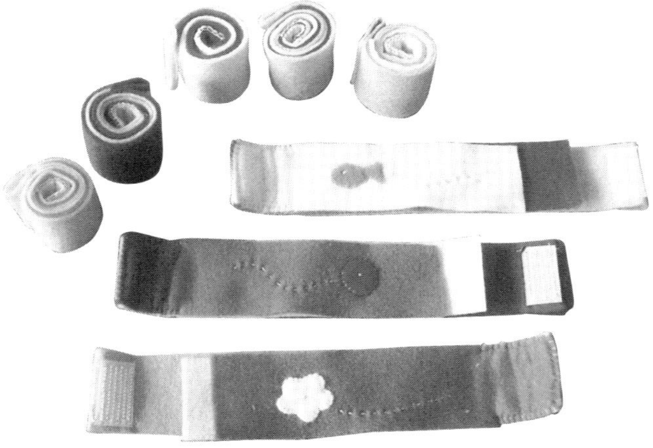

他園の保育士さんとおもちゃの話をしていたとき、「だし巻き玉子が一番人気やねん」と話してくれました。よーく聞くと、保育室にフェルトでつくったおにぎりやウィンナーなどのおもちゃを納めているお弁当箱を置いているのですが、いつもだし巻き玉子が取りあいになるそうなのです。フェルトを重ね、クルクル巻いて端にマジックテープをつけただけなのですが、子どもたちはテープをはがしてヒラヒラさせたり、巻いたりして遊ぶのだそうです。

それはおもしろそうと、早速いろいろな色のものをつくることにしました。マジックテープをはがして広げると、「あれっ、何かなぁ」と思えるように、ちいさなアップリケもつけました。

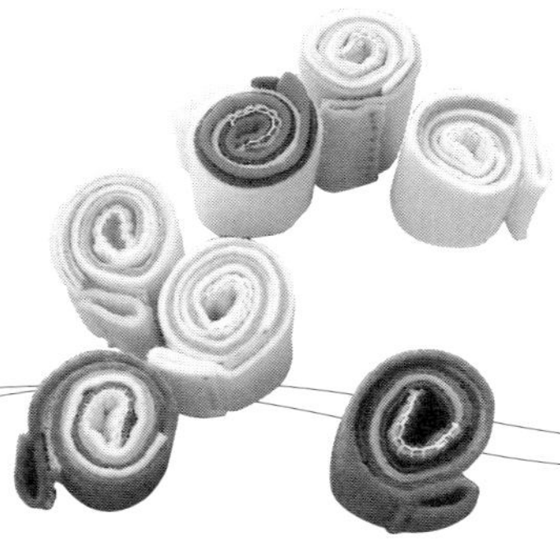

作り方

材料

フェルト
ししゅう糸
マジックテープ

❶色違いのフェルトを長さを変えて3枚切る

ゼロ歳のちいさな子どもたちは、カラフルな色のうずまきに思わず手をのばし、口に持っていったり、ながめたり、コロコロ転がしたり。大きな子どもたちは、ビリビリッとマジックテープをはがしてはポーン！です

ビリビリポーン!!
いくつも開けて楽しんでいます
（1歳5か月）

❷①を長い順に重ね、図の部分をブランケットステッチでぬう

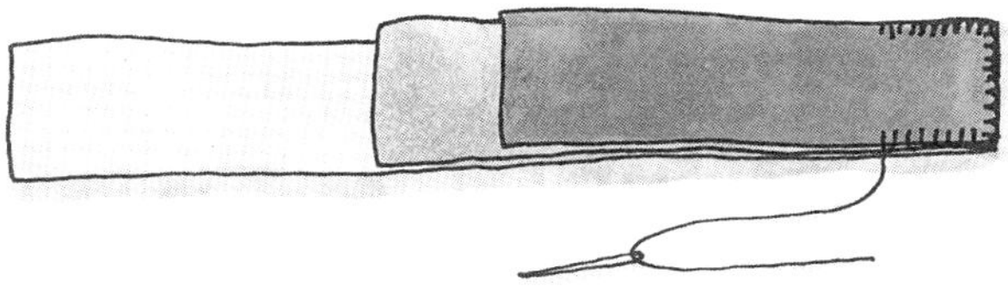

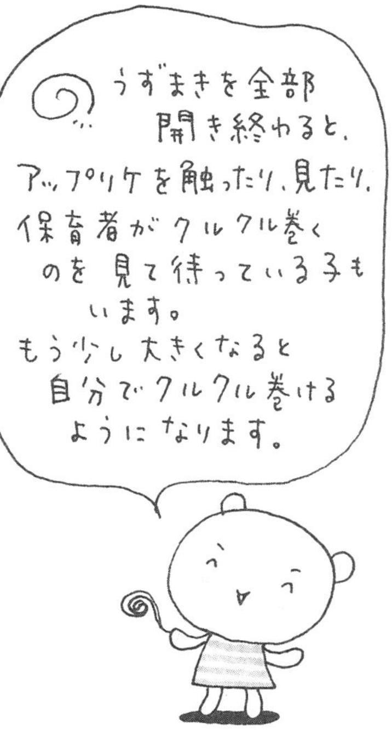
うずまきを全部
開き終わると、
アップリケを触ったり、見たり、
保育者がクルクル巻く
のを見て待っている子も
います。
もう少し大きくなると
自分でクルクル巻ける
ようになります。

❸一番短いフェルトにアップリケをつけてししゅうをし、一番長いフェルトにマジックテープをミシンでぬいつける

❹③を裏返してマジックテープをぬいつける

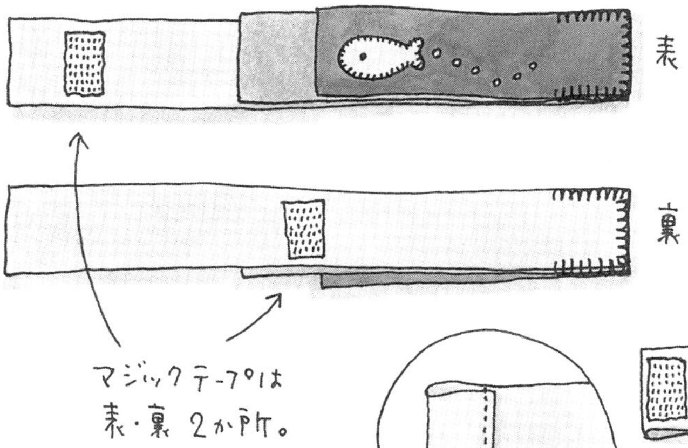
表
裏
マジックテープは
表・裏 2か所。

❺一番長いフェルトの端を折ってししゅう糸でぬいとめる

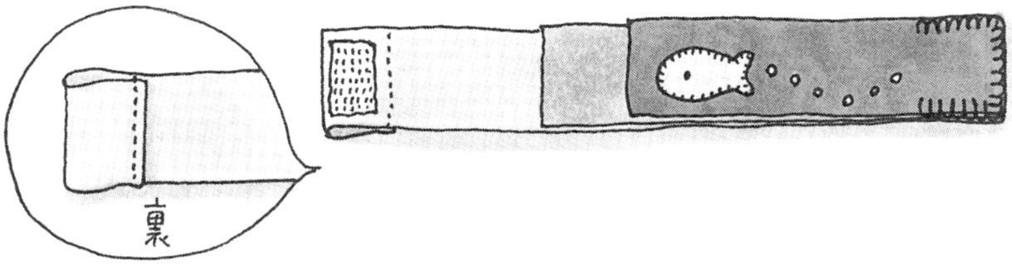
裏

かえるボックス

100円ショップでみつけたひもケース。ひもをひっぱりだす穴がケースの上に４つ開いています。穴からポトンとおとす、子どもたちが大好きなおもちゃが思い浮かびました。いっぱいおとして遊ぶことも楽しいけど、引っぱることが楽しい！と思えるおもちゃができないかなと思ってつくったのが「かえるボックス」です。

引っぱるところがより楽しくなるよう、変化をつけました。４つの穴のうち２つは、つかみやすいよう厚さのあるペットボトルのふたを使いました。あとの２つは、しっかりとつまんでひっぱり上げられるよう薄く平らにしました。また、重石の重さも中に入れるビー玉（大、小）の大きさ、ひもの長さなどでそれぞれ違うようにつくりました。

作り方

材料

ひもケース
布
布のひも
ペットボトルのふた
わた
ビー玉
キルティングの布
ししゅう糸
ゴム
まな板シート

❶布のひもをいろいろな長さで４本切り、両端を結ぶ

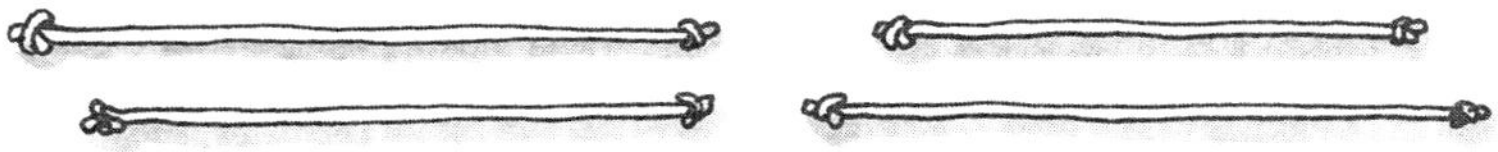

❷布を10枚丸く切り、
まわりをぐしぬいする

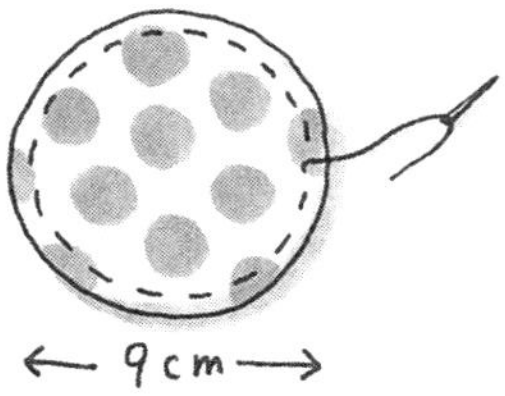

❸ペットボトルの
ふたの中にわたと
①の布のひもの結び目を入れ、
②の布で包んでしぼる

❹まな板シートを２枚
丸く切る

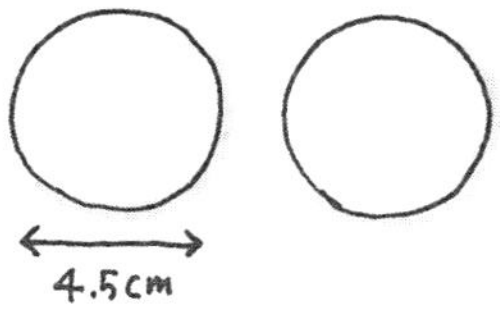

お座りがしっかりしてくる１歳過ぎの子どもたちが興味いっぱいのおもちゃとなりました。ボックスを持ち上げたり、転がしたり、ひっくり返したり。手を離すとスルスルッと下へ降りていくようすをジーッと見たり。雨の日も室内でじっくり遊べます。

「あれっ？…とれないなあ」何度も何度も引っぱって遊んでいました。ボックスが軽いので２ついっしょに引っぱると持ち上がります。子どもが見つけた遊び方です（１歳１か月）

❺布を２枚丸く切り、アップリケをつける

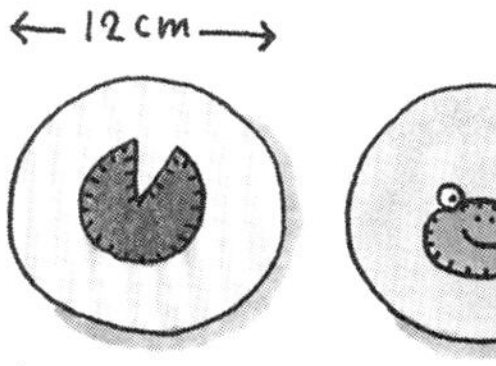
12cm

❻⑤のまわりをぐしぬいして④とわた、①の布のひもの結び目を入れてしぼり、とめる

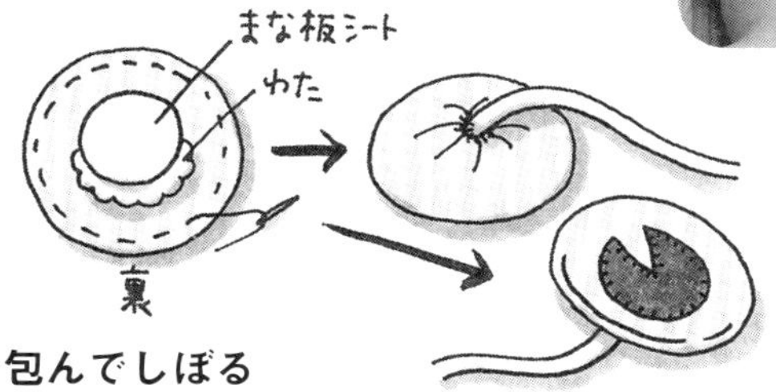
まな板シート
わた
裏

❼②の残り８枚は、ペットボトルのふたにわたとビー玉を入れ、③と同じように包んでしぼる

ビー玉
わた
8個つくる

❽⑦を２つずつしぼり口をあわせ、③と⑥の布のひもの端を入れてぬう

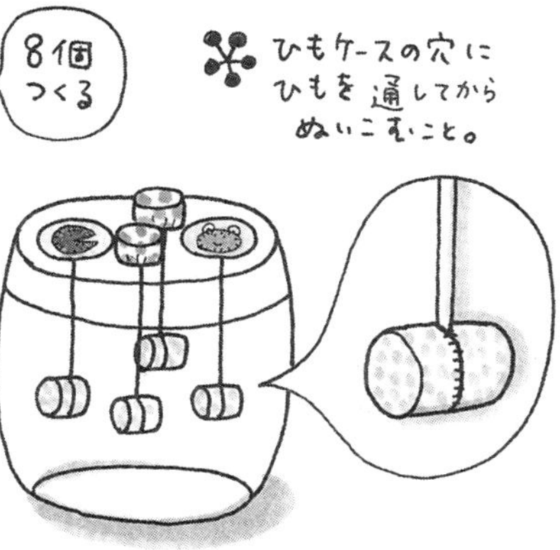
ひもケースの穴にひもを通してからぬいこむこと。

❾キルティングの布を切り、ししゅうをする

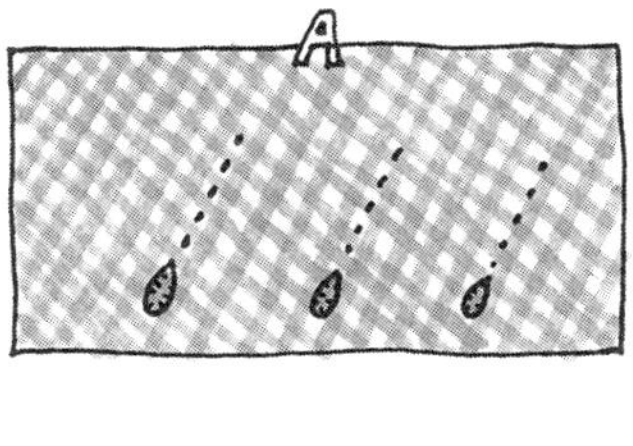

❿⑨を中表にしてぐしぬいし、表に返して袋状にする

3つ折にしてぬい、ゴムを通す。
ぐしぬい

⓫まな板シートをひもケースの底のサイズにあわせて切る。布を切ってまわりをぐしぬいし、⑪を包む

⓬⑩にひもケースを入れて底に⑪をあてて、まつりぬいでとめる

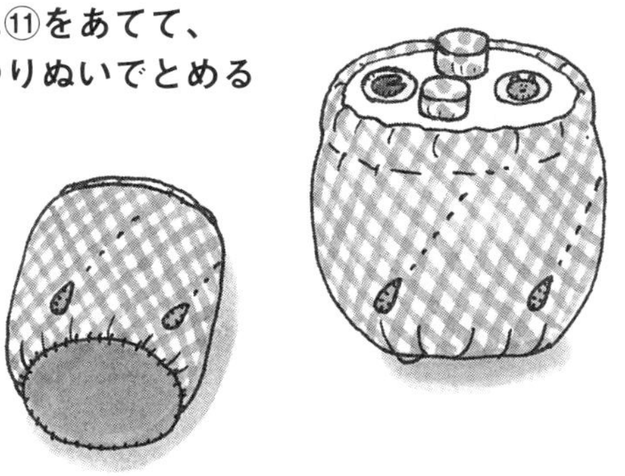

ビリビリくっつきサンド

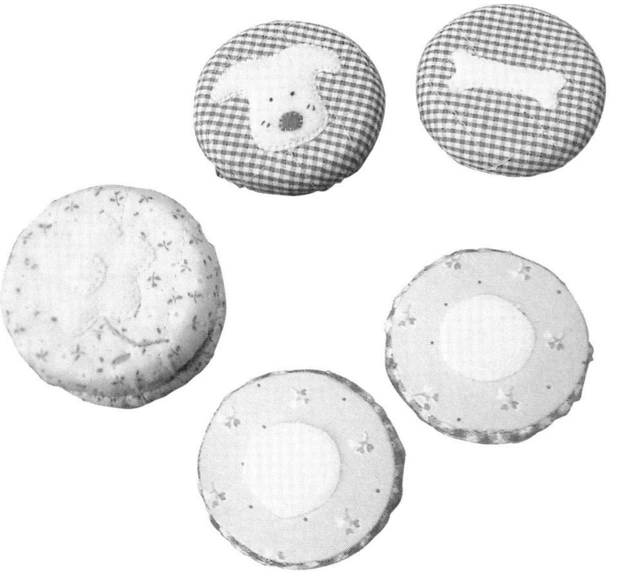

1歳児になると、指先がしっかりと使えるようになります。からだを動かすことを大切にしながら、手指を使ったひもとおしや、ストローおとしなどの遊びも楽しみます。月齢の高い子どもたちは指の力もついてくるので、グッと力を入れないと開かないようなおもちゃを…と考えたのが「ビリビリくっつきサンド」です。

これは、ジャムの容器のふたと薬のふたを利用しました。ふたを布で包み２つあわせると、ちょうどクッキーサンドのようになります。真ん中にマジックテープをぬいつけ、ふたにはアップリケをし、カエル→ハスの花、お花→ちょう、いぬ→ホネ…などと、絵があわせられるようにしました。また、開けたときにハッ！とする楽しい色合いにしました。

作り方

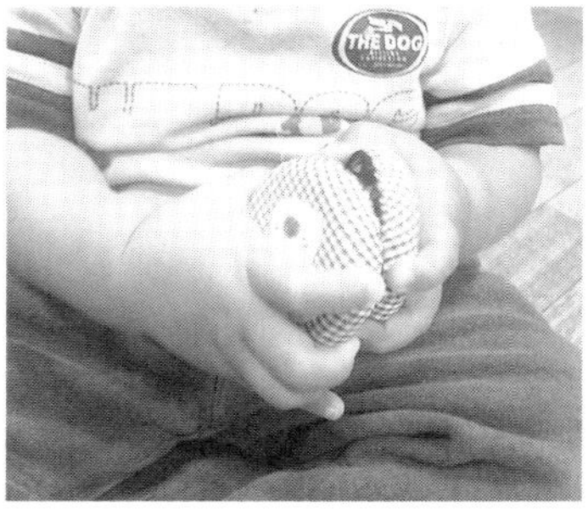

THE DOG

材料

キルティングの布
布
フェルト
マジックテープ
わた
ししゅう糸
ふた
（ジャムの容器や
薬のふた）
まな板シート

開けるときの
ビリビリッと
いう音（感触）も
楽しいよ。

ちいさなマジックテープなのですが、指先にしっかり力を入れないと開けられません。子どもたちは、ふたとふたの間に指先をひっかけながら、全部開くことを何度も楽しみます。また、転がしたり、食べるまねをしたり…と、いろいろな遊び方を子どもたちが教えてくれます。

「あっ…とれた！」「おもしろいなあ」
アップリケを見て「ワンワン」と言いながらうれしそうに、何回も何回も開けるのを楽しんでいました（1歳6か月）

❶キルティングの布を丸く切り、フェルトでアップリケをつける

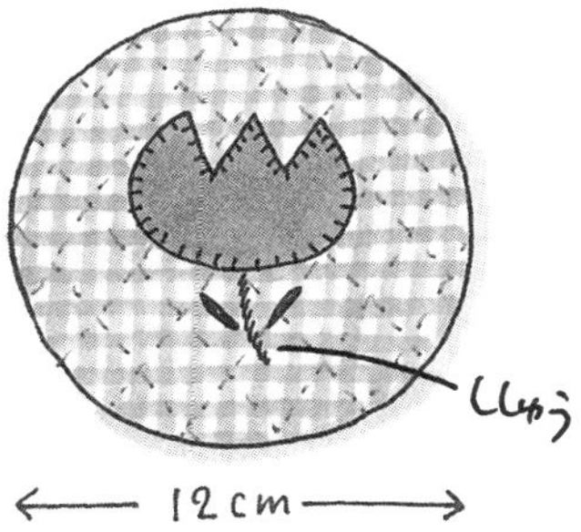

❷まわりをぐしぬいして、ふたを入れて包みこみ、わたを入れてしぼってとめる

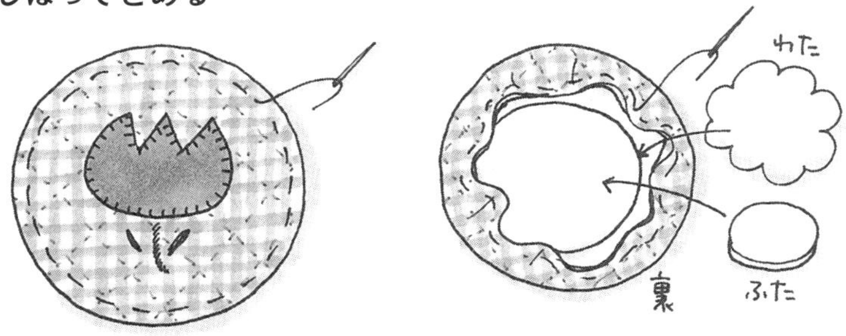

❸まな板シートを丸く切る

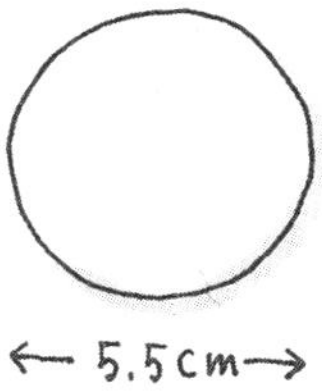

❹布を丸く切り、マジックテープをミシンでぬいつける

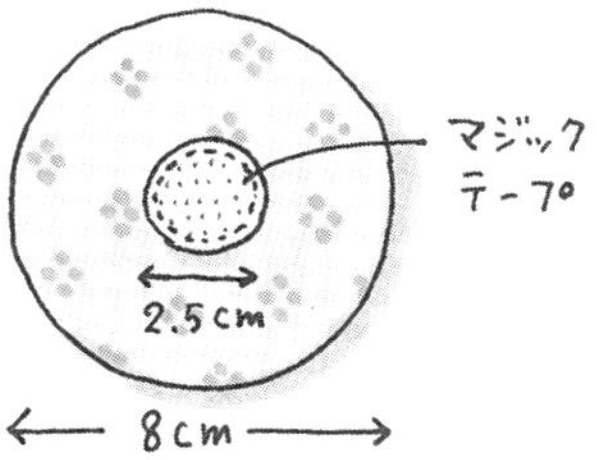

❺④をぐしぬいし、③を入れて包みこみ、しぼってとめる

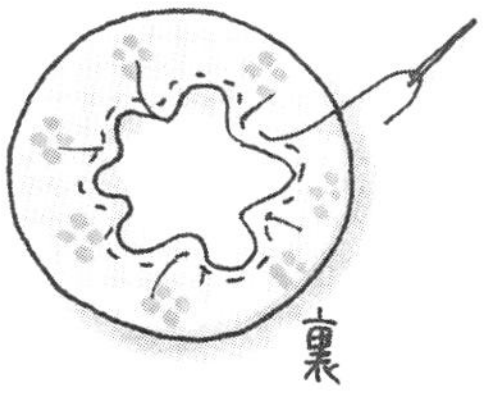

❻②と⑤を重ねてぬう。これを２つつくる

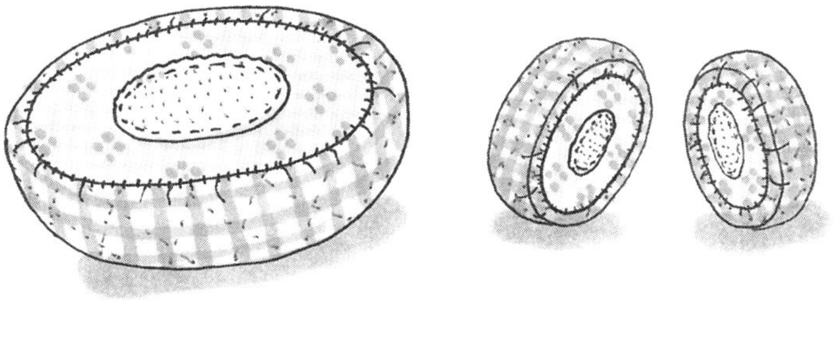

ポットンおとし

散歩先で、溝のふたに石ころをおとして遊ぶ子どもたち。一人が遊びだすと、ほかの子もやってきて座りこみ、いくつもいくつも石をおとして楽しみます。

部屋の中では、おもちゃ箱を引っぱりだし、おもちゃを出したり入れたり、ちいさな入れ物を見つけると必ず中をのぞきこみ、手をつっこんだり、振ったりして遊んでいます。そこで、みんなで遊べるポットンおとしを考えました。散歩先の溝のふたのイメージで「網」を利用してつくりました。これだとどこからでもおとせるし、のぞきこんで「入ったかな？」と確かめることができます。

網の目が大きいので、ちいさな子どもたちもおとせるようペットボトルのふたを２つ合わせてつくりました。

作り方

材料

しっかりした
　ダンボール箱
網
ひも
布
ガムテープ
ペットボトルのふた
ビー玉

❶ダンボール箱に穴を開け、ガムテープで補強する

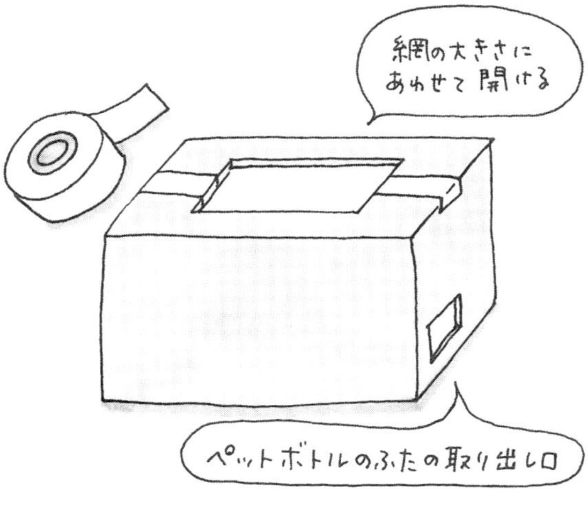

1つ入るたびに、パチパチと手をたたいて喜ぶ子、中に入ったペットボトルのふたが気になってずっとのぞいている子。ポットンおとしの箱のまわりは、いつでも子どもたちでいっぱい。それほど人気のおもちゃです。

「はいった、はいった…もっといれよう」
いくつもいくつもおとしていきます
（1歳３か月と1歳１か月）

❷①をひっくり返して底を開き、裏側から網を取りつける。何か所かひもでくくってしっかりと固定する

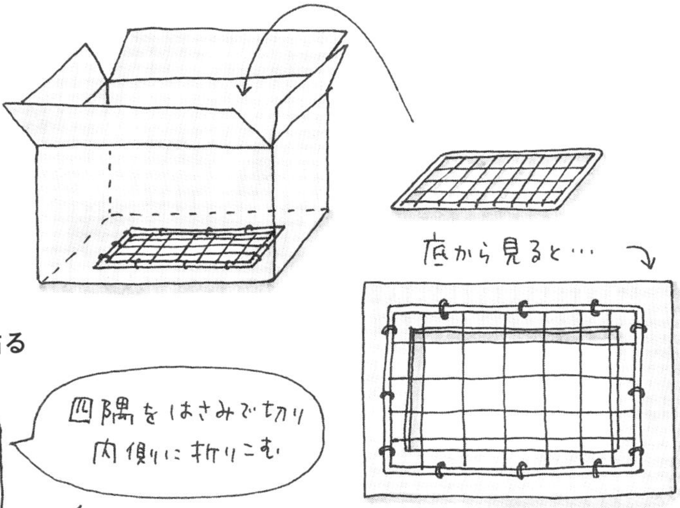
底から見ると…

❸②の底を閉じて全体に布を貼る。布は上から貼り、次に横を貼る

四隅をはさみで切り
内側に折りこむ

❹布を丸く切ってまわりをぐしぬいし、中にペットボトルのふたを入れてしぼる

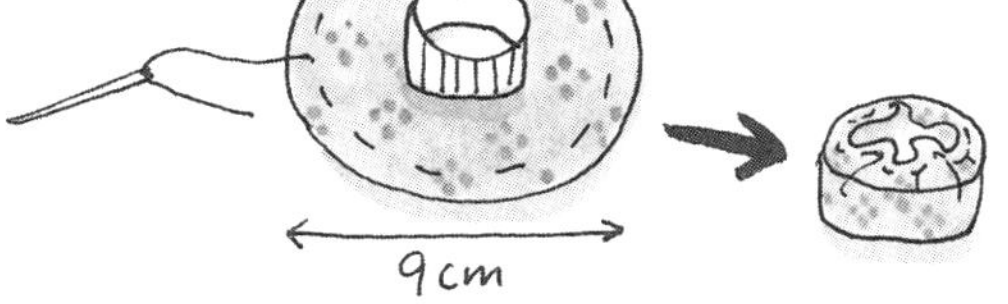
9cm

❺④の中にビー玉を入れ、２つをぬいあわせる

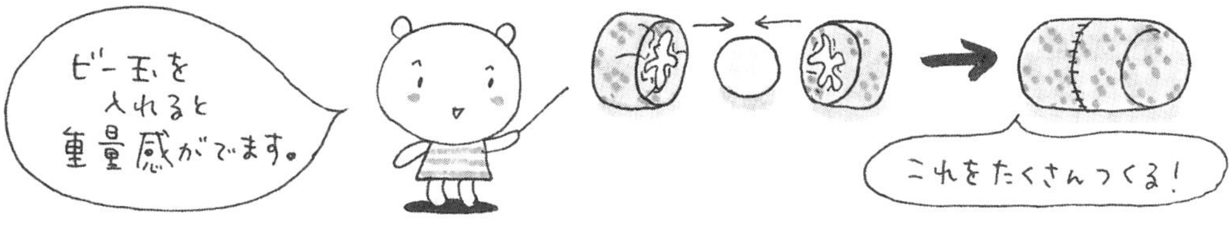
ビー玉を
入れると
重量感がでます。
これをたくさんつくる！

コの字ブロック&L字ブロック

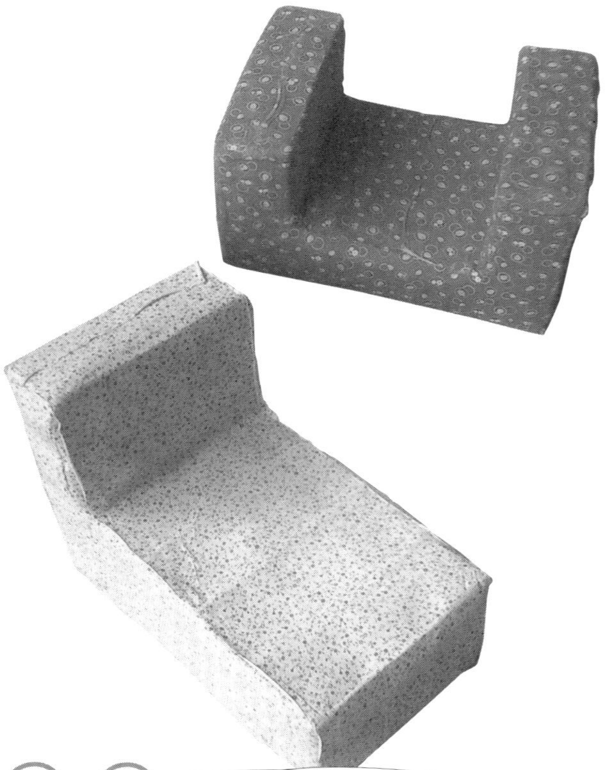

ゼロ歳児クラスの子どもたちが歩けるようになると、からだのバランスが取れるようになり、おもちゃの入っている箱や大型積み木、いすなどなんでも押す姿が見られるようになります。このころ、牛乳パックに新聞紙をつめ、コの字やＬ字の形に組みあわせたおもちゃが楽しくなってきます。コの字やＬ字の一番高い部分に手をのせて、体重をかけると、スーッと床をすべって進めます。横に進んだり、縦に進んだりとてもうれしそうです。とにかく、押すことをたっぷりと楽しめます。

からだをもっと自由に動かせて、足腰がしっかりしてくると、押すスピードも増し、このブロックも自由自在に扱えるようになります。壁にぶつかりそうになると曲がったりと、方向転換もできるようになります。

作り方

材料

牛乳パック
新聞紙
布ガムテープ
布
ボンド

❶牛乳パックにクシャクシャにした新聞紙をつめる。つめる量は、作りたい重さにあわせて調節する

よいしょと乗ったり、降りたりもおもしろい（1歳1か月）

ちいさい子どもたちとは、ブロックを並べ、保育者が隠れて「いないいないばあ」。ハイハイやつかまり立ちができるようになると、パンパンと太鼓のようにたたいて遊びます。コの字ブロック＆L字ブロックは、並べたり、積んだりすると、いろいろな遊び方ができます。

とにかく押すのが楽しいな
部屋中、押して進みます
（1歳1か月）

❷①をコの字、またはL字に組みあわせて布ガムテープでとめる

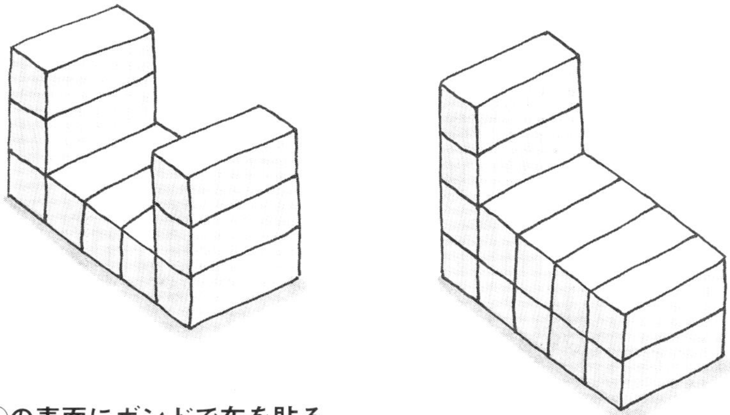

1歳児クラスになると、
またいで乗ったり、
上に立ってピョ〜ンと
飛んだり、
座って手遊びしたり、
絵本を見たりする
いすにもなります。

❸②の表面にボンドで布を貼る

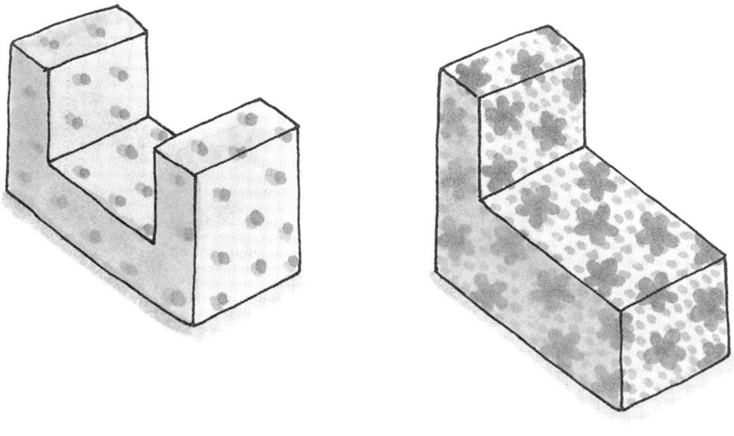

ままごとのテーブルや
人形の赤ちゃんの
ベッドにも
なります。

ふたクルクル

子どもたちが好きなおもちゃの一つに「ブラバンおとし」があります。最初は、穴になかなかおとせませんが、遊ぶなかで手首をまわして穴をさぐりながらおとせるようになっていきます。そんな姿を見て、ひねるおもちゃをと考えたのが、「ふたクルクル」です。

ねじりがやわらかい、いろいろな大きさの容器を用意。ちいさいものは指先で、おおきいものは手のひらをいっぱい開き、つかんでひねらなければ開きません。中にちいさなおもちゃを入れるとカチャカチャと音がして、「何が入っているのかなあ」と楽しみながら遊んでいます。ふたの裏にアップリケをつけると、「今度は何が出てくるかな？」と期待をして開けます。ふたを開けると、空き容器とふたをあわせるのが楽しいようです。

作り方

材料

プラスチックの空き容器
布
フェルト
ししゅう糸

❶空き容器のふたの裏についている発泡スチロールをとり、芯にする

芯がないときは
うすいダンボールや
まな板シートなどで
芯にしてね。

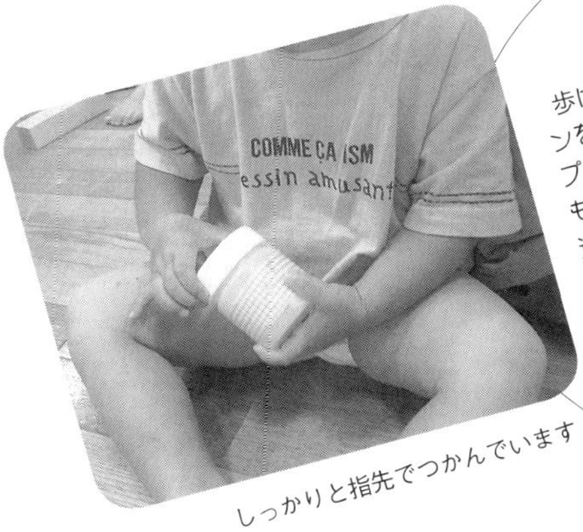

しっかりと指先でつかんでいます

歩けるころになると、スプーンを使って食べること、スコップで砂を入れたり、水道の蛇口もひねられるようになります。遊びのなかでも、たっぷりと楽しみながら手首を使っていくことが、生活のなかで力をつけていくことにつながっていきます。

「ワァーッ、うさぎさんや！」
「どれどれ…」（1歳半と1歳3か月）

❷布を芯よりも１cm大きく切る

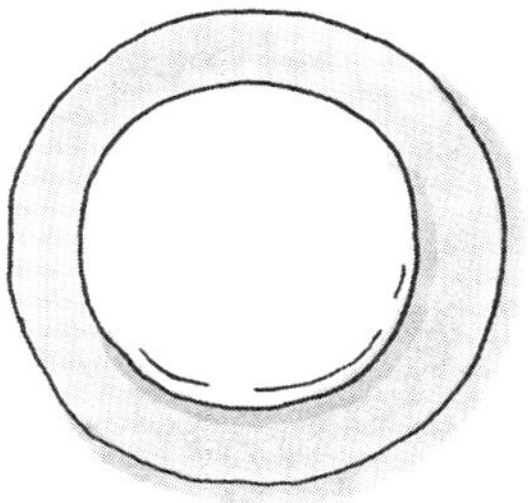

❸布にフェルトでアップリケをつける

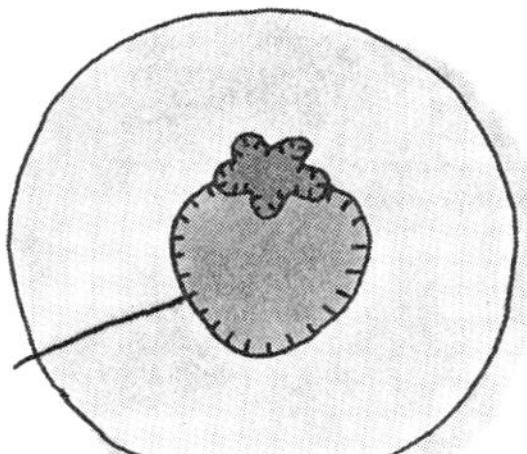

❹布のまわりをぐしぬいし、芯を入れてしぼる

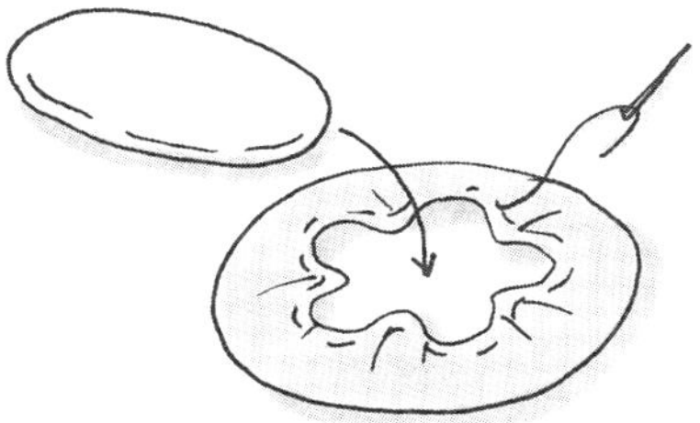

❺④をふたの裏にはめこむ

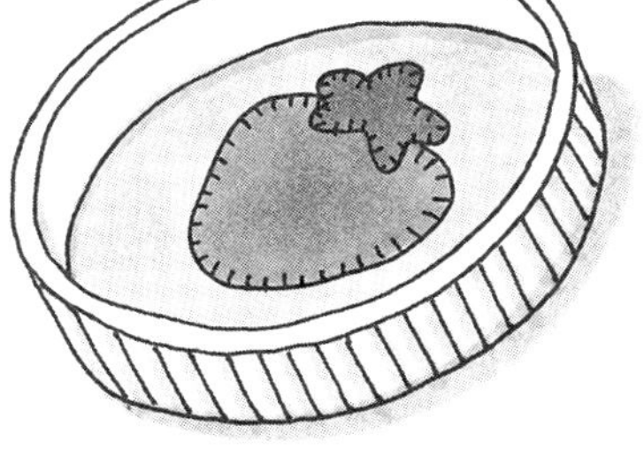

❻容器にも布を貼る

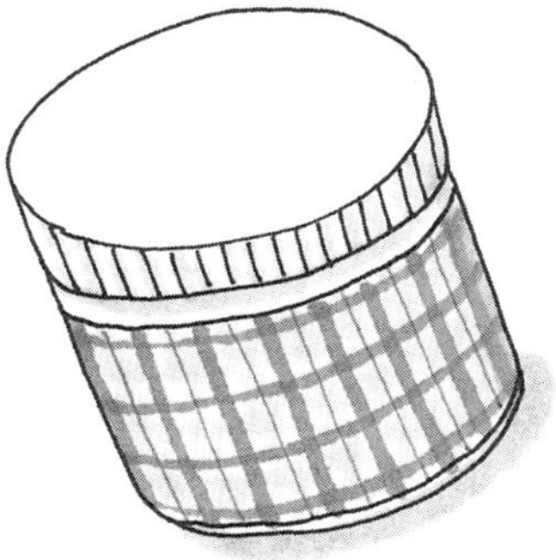

ひもとおしいろいろ

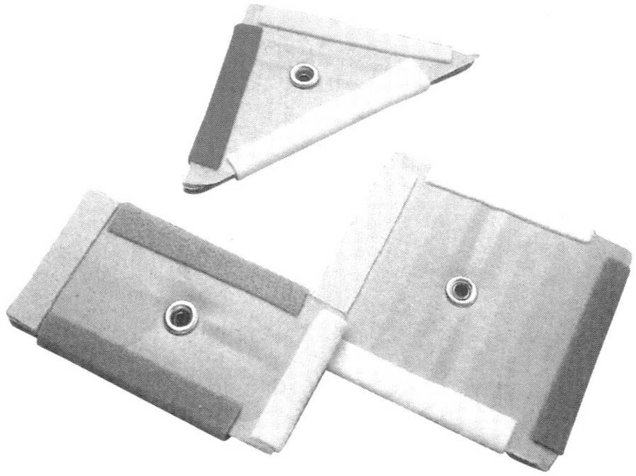

夏を迎えるころになると、1歳児もマットを使ったアスレチックやリズムなどを楽しめるようになります。そんなからだを使った遊びと同時に、「指先を使った活動」の時間も大切。ひもとおしは、そんな時間に楽しめるおもちゃの一つです。はじめて遊ぶひもとおしは、穴のちいさなものや細いもの、通す部分の長いものは、なかなかひもを通しきれません。そこで、扱いやすく、楽しめるものをと考えたのが「はとめのひもとおし」です。

写真屋さんからたくさんもらったフィルムケースのふたを利用しました。フィルムケースのふたは、厚みがなく持ちやすく、重さもあるので、指を離すとスーッとひもを通っていきます。通したふたとふたがあたり、かちゃんと音がするのもうれしいようです。

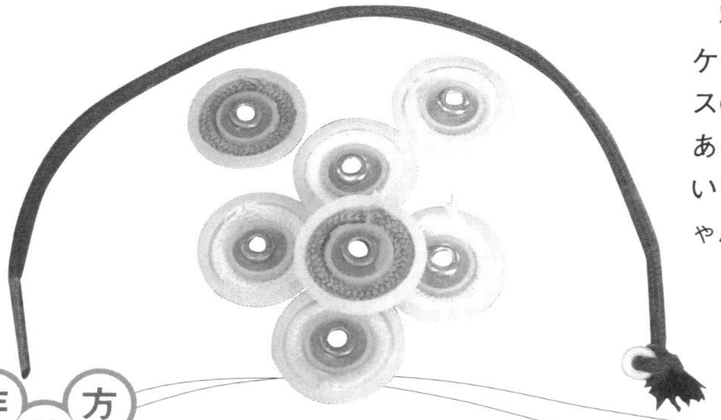

作り方

材料

とじひも
ビーズ
フィルムケースの
　ふた
布のひも
はとめ

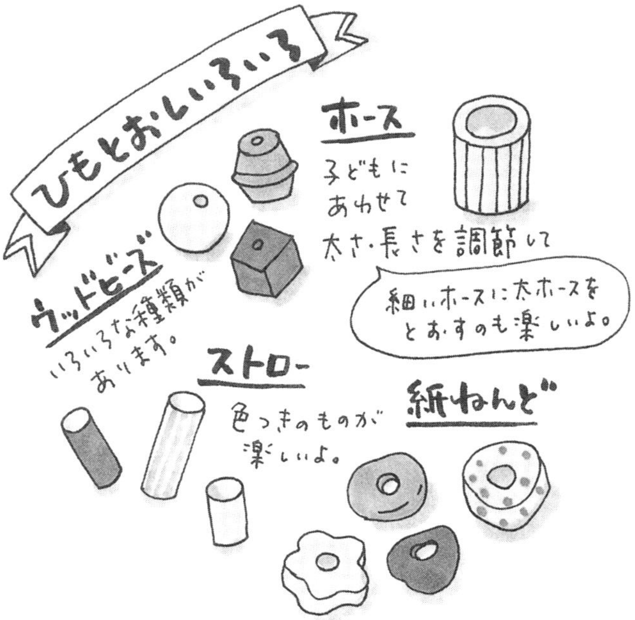
ひもとおしいろいろ
ホース
子どもに
あわせて
太さ・長さを調節して
細いホースに太ホースを
とおすのも楽しいよ。
ウッドビーズ
いろいろな種類が
あります。
ストロー
色つきのものが
楽しいよ。
紙ねんど

少しコツをつかむと、「できた！」「通せた！」という思いや「いっぱい、いっぱい通したい」という気持ちもでてきて、人気のおもちゃとなっていきます。はとめだけではシンプルなので、フィルムケースのふたのくぼみを利用して、布のひもをつけました。

指先に集中して、いっぱい通しています
（1歳9か月）

❶フィルムケースのふたに
めうちで穴を開けて
はとめをつける

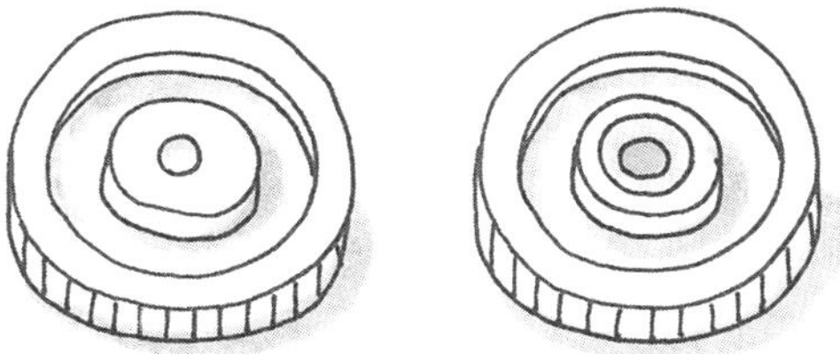

❷布のひもを切り、
①のはとめのまわりに
ボンドでつける

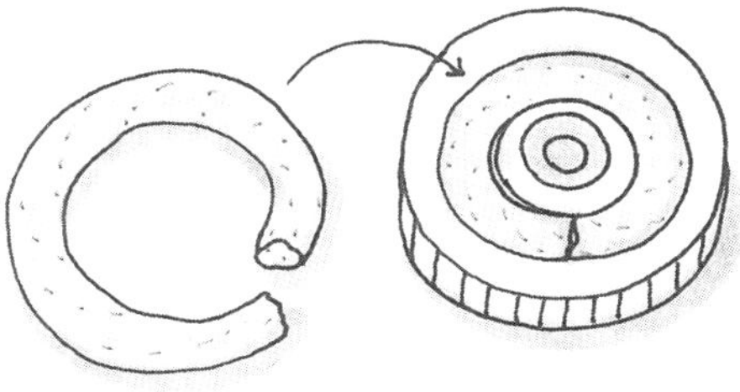

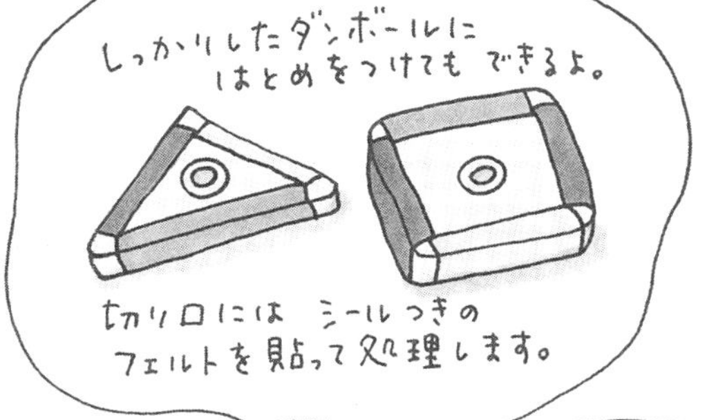
しっかりしたダンボールに
はとめをつけても できるよ。
切り口には シールつきの
フェルトを貼って処理します。

❸とじひもの片方を切りおとし、
ビーズごと結ぶ

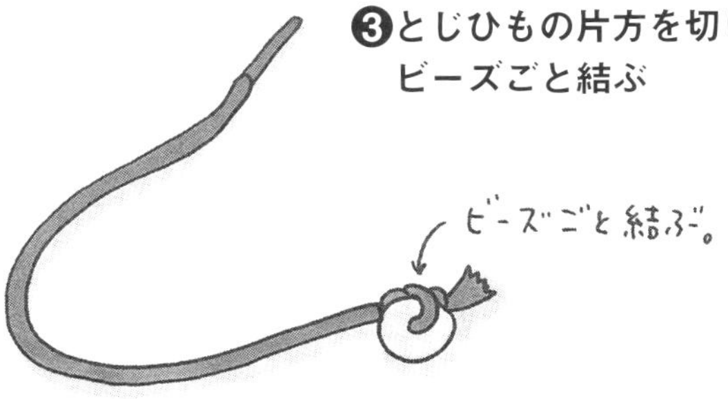
ビーズごと結ぶ。

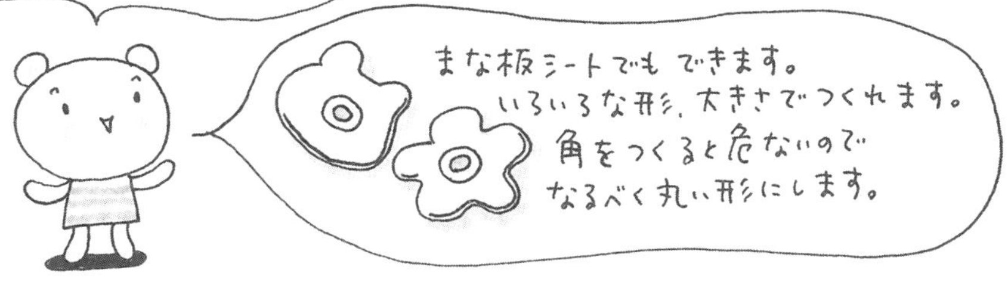
まな板シートでも できます。
いろいろな形、大きさでつくれます。
角をつくると危ないので
なるべく丸い形にします。

♪おもちゃは洗って清潔に

布のおもちゃは洗えるのがいいところです。ちいさいものややわらかいおもちゃは、ネットに入れて洗濯機で洗います。握りおもちゃなど、たくさんなめたり、触ったりしたものはそのつど洗います。週に一度はすべてのおもちゃを洗濯するようにしています。洗えないものは、日光消毒します。

♪保管はちいさな子のおもちゃとほかのおもちゃを分けて

月齢のちいさな子の握りおもちゃなどは、いろいろなところにまじってしまいます。子どもたちが機嫌のいいときに「あのおもちゃ、どこ行っちゃったかな」と探さず使えるよう、１つの箱にまとめています。つりおもちゃも、部屋にロープをはり、使わないときは上にたぐりよせて、洗濯ばさみではさんでおきます（遊ぶときにおろします）。

ほかのおもちゃは、自分たちで引っぱりだして遊べるよう布は布というふうに分けて保管しています。おもちゃは、子どもたちの発達や興味によって用意しているので、月齢のちいさな子がいなくなると、つりおもちゃや握りおもちゃは洗って片付けます。

♪安全かどうか常に点検を

ボタンやビーズ、鈴など、子どもたちはちいさくて少し光るものが大好き。「これは何かなあ」と手を伸ばしたり、触ったり、なめたりして楽しみます。これらは、しっかりとぬいつけたり、結んだりします。ちいさな子どもたちが触っても危なくないか、なめても大丈夫かという点検はとても大切です。また、使いこんで古くなったおもちゃは、その材料をいかして新しいおもちゃへとつくりかえています。

洗う 保管 修理 について

春山明美
はるやま　あけみ
兵庫県に生まれ、現在西宮市甲子園在住。
短期大学卒業後、保育士として３歳までの保育園に勤務。
2002年、５歳までの保育園へ。
ゼロ歳児クラスを担任することが多いなか、
好きな手芸をいかして
子どもたちにおもちゃをつくるようになる。
わらべうたや手遊びも好きで、
子どもたちといっしょに楽しんでいる。
趣味は、手芸のほか、読書、スキー。

イラスト
近藤理恵

ブックデザイン
阿部美智（オフィスあみ）

赤ちゃんのための
手づくりおもちゃ

2009年8月10日／初版第1刷発行

著者
●
春山明美

協力
●
上野芝陽だまり保育園
上野芝陽だまり保育園分園ありんこ

発行
●
ちいさいなかま社
〒166-0001
東京都杉並区阿佐谷北3-36-20
TEL03-3339-3902（代）
FAX03-3310-2535
URL http://www.hoiku-zenhoren.org/

発売
●
ひとなる書房
〒113-0033
東京都文京区本郷2-17-13広和レジデンス101
TEL03-3811-1372
FAX03-3811-1383
Email:hitonaru@alles.or.jp

印刷所
●
光陽メディア

ISBN978-4-89464-138-9　C3037

ちいさいなかま から生まれた本

好評発売中

●『ちいさいなかま』保育を**広げる**シリーズ

赤ちゃんのための手づくりおもちゃ

春山明美著
B5変型判・80頁
本体1,400円＋税

一人ひとりの発達をふまえてつくられた手づくりのおもちゃは、赤ちゃんの「〜したい」気持ち、楽しい気持ちをうながすものばかりです。

●『ちいさいなかま』保育を**深める**シリーズ

保育のきほん ゼロ・1歳児

『ちいさいなかま』編集部編
A5判・160頁
本体1,400円＋税

基礎編では、発達・生活・遊び・食・睡眠・排泄の研究者によるメカニズムを、実践とつなげました。実践編は、遊び、かみつきなど、各地からの実践集です。

子どもの姿、子どもの心をどうとらえる？
保育実践になくてはならない2冊

0歳から3歳

保育・子育てと
発達研究をむすぶ
〔乳児編〕

神田英雄著
A5判・120頁
本体1,000円＋税

〈主な内容〉人とともに世界に立ち向かいはじめる頃／子どもの豊かさの広がりに共感して／生まれはじめた小さな自尊心

3歳から6歳

保育・子育てと
発達研究をむすぶ
〔幼児編〕

神田英雄著
A5判・224頁
本体1,500円＋税

〈主な内容〉イッチョマエの3歳児／ふりかえりはじめる4歳児／思いをめぐらせる5歳児／少年期への育ちを見とおす

「ちょっと気になる子ども」の理解、援助、保育

LD、ADHD、アスペルガー、
高機能自閉症児

別府悦子著
A5判・144頁
本体1,300円＋税

実践を通して、「気になる子」の理解を深めながら、すべての子どもの豊かな育ちを保障するための手立てを探ります。

ご注文・
お問い合わせは

ちいさいなかま社

〒166-0001 東京都杉並区阿佐谷北3-36-20
TEL. 03（3339）3902（代）
FAX. 03（3310）2535

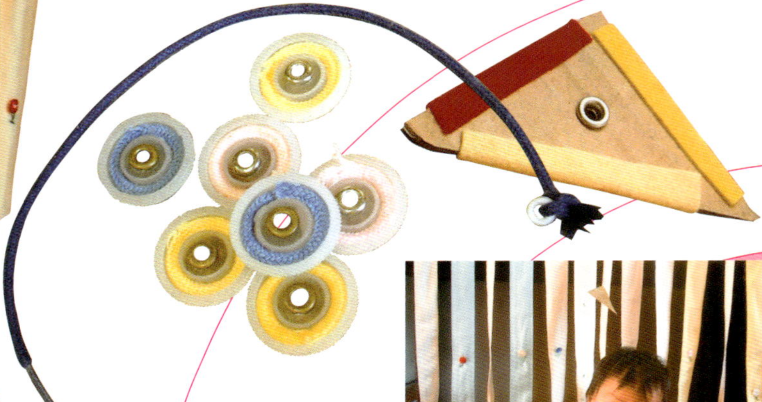